KB194240

주님의 소원

이 소중한 책을

특별히 _____님께

드립니다.

시카고 길거리 전도자가 전하는

주님의 소원

The Desire of The Lord Jesus

양부광 목사

나침반

머리글

주님의 소원을 잘 알아야 한다

"저희가 다 자기 일을 구하고 그리스도 예수의 일을 구하지 아니하되 디모데의 연단을 너희가 아나니 자식이 아비에게 함같이 나와 함께 복음을 위하여 수고하였느니라"(빌 2:21-22)

세상 사람들은 자기 일에 충실하면 된다. 그러나 우리는 디모데처럼 그리스도 예수의 복음을 위하여 봉사해야 한다. 특히 주님의 소원을 알고 주님을 위하여 전도하는 그리스도인이 되어야 한다. 특히 목회와 복음 선교를 하시는 분은 주님의 소원을 잘 알아야 한다.

주님의 소원이 무엇인지 알고 있는가?

"또 여호와(하나님)를 기뻐하라 그가 네 마음의 소원을 네게 이루어 주시리로다"(시 37:4)

그리스도인으로서 주님의 소원을 바로 알고 주님을 기쁘시게 하는데 이 책이 쓰이길 기도한다.

\- 양부광 목사

차례

제1부
에덴동산의 자유

제2부

그 날이 오면

제1부

에덴동산의 자유

0

오늘 우리의 영적 환경

창세기의 목적은 하나님이 우주와 만물을 창조하셨음을 선언하는 것이다.

"태초에 하나님이 천지(the heavens and the earth)를 창조하시니라"(창 1:1)

한글로 봐서는 알 수 없지만 영어 성경은 하늘을 복수로 표현하고 땅은 단수 오직 하나로 표현하고 있다. 해와 달과 무수한 별들은 하늘의 공간에 달려 있으면서 그들의 임무는 오직 지구를 비추는 일이다.

"그는 북쪽을 허공에 펴시며 땅을 아무것도 없는 곳에 매다시며"(욥 26:7)

"또 그 광명이 하늘의 궁창에 있어 땅에 비추라 하시니"(창 1:15)

태양은 굉장히 크고 지구는 작으며 태양의 주위를 돌지만 오히려 태양은 지구의 생물들을 위해 빛과 열을 발산하는 임무를 수행하고 있다.

이렇게 지구는 작지만 우주의 중심이다. 하나님은 땅에 사람이 살 수 있는 조건을 6일 동안 만드시며 마지막에 사람을 만드셨기 때문에 인간의 역사는 길지 않다. 지금도 하나님의 관심은 온통 지구에 있다.

하나님은 이 땅에 에덴동산을 만드셨고 땅의 흙으로 아담을 만드셨다. 함께 동산을 거니셨고 아담과 하와가 하나님의 음성을 들으며 교제하며 친구처럼 살았던 땅이다. 우주에 무수한 별들이 있어도 사람이 사는 동산은 오직 지구 하나밖에 없다는 증거다. 독생자 예수님도 2000여 년 전에 이 땅에 오셔서 33년을 살고 가신 곳도 여기 이 땅이다.

그러나 우주 학자들은 우주 어디에 또 다른 인간이 사는 곳이 있을 거라고 생각하고 찾고 있다. 성경을 믿지 않는 자들은 진화론을 말한다. 이것이 잘못된 교육의 결과다. 어느 인류학자는 아프리카에서 발굴한 해골을 안고서 수백만 년 전 인간의 해골 호모사피엔스라며 거짓말을 했다.

"땅이 혼돈하고 공허하며 흑암이 깊음 위에 있고 하나님의 신은 수면에 운행하시니라"(창 1:2)

이 구절이 수백만 년의 지구 역사를 포함한다고 볼 수 있다. 그러나 인간의 역사를 원숭이의 형상에서 진화된 것이 인간의 조상이라고 말하는 것은 인간 모욕이다. 하나님이 만드신 우리 인간은 하나님의 형상과 생기로 창조된 영적 피조물이다. 우리 인간 속에는 하나님의 영적 유전자가 있다.

2019년이 유대력으로는 5779년이다. 성경의 인간 족보 역사는 약 6000여 년 정도 된다고 일부 성경학자들은 말한다. 태초부터 인간은 에덴동산에서 말을 하고 그 후 문자를 만들었다. 인간의 역사를 찾으려면 인간의 유적지를 찾고 문명과 유물을 찾아 연구해야 한다.

우리가 말하는 인권이란 인간이 행복한 삶을 살아가는데 필요한 보편적이고 절대적인 개인의 권리를 말한다. 태초에 하나님은 사람을 창조하시고 사람에게 자유와 평화와 행복의 에덴동산을 만들어 주셨다. 때문에 인간이 처음으로 살았던 에덴동산 지역인 티그리스강과 유프라테스강 근원을 따라 찾고 발굴하는 것이 인간의 역사를 알 수 있는 최선의 방법이다.

문제는 노아 홍수로 말미암아 땅속 샘이 터지고 용암이 터지면서 유적이 사라졌다. 그래서 흔적이 없다.

에덴동산의 특징을 살펴보자.

1. 하나님은 아담에게 영권을 주셨다.

흙으로 사람을 만드시고 코에 생기를 불어넣으시므로 사람은 생령이 되었다. 하나님은 사람이 생육하고 번성하도록 좋은 흙으로 몸을 만드셨고 하나님의 생기를 불어넣으시므로 영혼을 가진 사람을 만드셨다(창 2:7).

2. 무제한 출산의 자유를 주셨다.

아담에게 "생육하고 번성하라 땅에 충만하라"(창 1:28)고 하셨다. 그런데 현대인들은 자식을 너무 조금 낳는다. 그러나 유대인들은 지금도 자식을 열 명씩 낳는 가정이 많다고 한다.

3. 하나님은 아담에게 돕는 배필을 만들어 주셨다(창 2:21-22).

여자는 남자의 갈빗대요 남자는 여자의 몸통이다. 지금도 하나님은 남자와 여자의 짝을 찾아 주신다.

"하나님이 짝지어 주신 것을 사람이 나누지 못할지니라"(마 19:6)

하와는 돕는 배필이라 돕는 자와 도움을 받은 자 누가 더 힘이 셀까? 그래서 아담은 싸우지 않았다.

4. 하나님은 인간이 독처하는 것이 나쁘다 하시고 남자와 여자를 만드시고 가정을 만들어 주셨다(창 2:18, 24).

5. 하나님은 남자와 여자에게 축복을 주셨다.

영원한 생명과 행복을 주셨다. 태초의 인간은 하나님의 축복 받은 영적 피조물이다. 하나님께 항상 감사해야 한다(창 1:28).

6. 에덴동산의 모든 것을 다스리는 통치권을 주셨다(창 1:28, 2:15).

아담과 하와에게 땅과 바다의 모든 생물들을 다스리는 권세를 주셨다. 그러나 하와는 뱀이 말로 유혹할 때 "네 이놈 왜 거짓말을 하느냐" 책망하고 명령하지 못하고 뱀의 말을 믿고 순종하여 선악과를 따 먹는 실수와 범죄를 저질렀다. 인간이 뱀을 다스리지 못하고 어처구니없이 뱀의 말에 순종하고 뱀의 종이 되었다. 하나님이 주신 통치권을 사용하지 못하고 뱀에게 빼앗겼다. 그래서 인간은 다시 영권과 통치권을 회복해야 한다.

7. 무노동 식권의 자유를 주셨다.

"모든 채소와 과일들이 너희 식물이 되리라"(창 1:29)

8. 오직 하나의 율법을 주셨다.

"여호와 하나님이 그 사람에게 명하여 가라사대 동산 각종 나무의 실과는 네가 임의로 먹되 선악을 알게 하는 나무의 실과는 먹지 말라 네가 먹는 날에는 정녕 죽으리라 하시니라"(창 2:16-17)

9. 오직 한 계명을 주시고 선택권을 주셨다.

종교의 자유를 주셨다. 선택의 자유 즉 하나님이냐 마귀냐, 생명이냐 죽음이냐에 대한 선택권은 결과에 책임을 져야 한다.

에덴동산의 간교한 뱀은 누구인가?

큰 용, 옛 뱀, 마귀, 사단 온 천하를 꾀는 자다(계 12:9).

뱀은 시대마다 나타나는 세속주의자로 어둠의 세력이다. 뱀이 "우주의 주체는 인간이다"라는 말로 하와를 꾀어 인본주의로 투쟁하게 한다. 뱀은 창조 주권을 부정하고 창조주를 대적하게 만든다. 뱀은 간교하게 항상 거짓말로 유도 질문하여 인간을 무너뜨리고 죽이는 일을 한다. 뱀은 하와에게 "먹어도 결코 죽지 않는다. 하나님과 같이 된다"라며 헛된 욕망을 충동질했다. 뱀은 인간을 이롭게 하는 척하면서 결국 죽음의 길로, 지옥으로 끌고 간다.

선악과를 먹으면 생령이 죽는다.

그래서 하나님이 먹지 말라고 하신 것이다. 그런데 에덴동산의 환경은 현대적 인간 개념에서 볼 때 위험한 영적 환경을 표현한 것이다.

에덴동산 중앙의 선악과 나무 둘레에는 철조망도 없고 담장도 없고 접근 금지 표지판 하나 없었다. 배나무, 사과나무 생명나무, 선악과, 포도나무, 살구나무, 무화과… 등 온갖 과일 나무들과 함께 무방비 상태로 방치됐다. 그러나 선악과 나무 둘레는 사실 반대로 보면 아담과 하와에게 선택의 자유를 100% 보장했다는 의미도 있다.

그런데 하나님은 왜 단속을 하지 않았을까?

아담과 하와가 속히 따먹기를 바랐던 것이 아닐까?

그리고 더 의심스러운 것은 아담과 하와가 선악과를 따 먹은 다음의 일이다. 하나님은 그 사람을 쫓아내신 뒤 즉시 에덴동산 동편에 그룹들과 화염검으로 생명나무의 길을 차단하고 철저히 지키게 하셨다는 것이다. 여기서 우리가 보는 것은 너무 다르다. 생명나무 실과를 따먹지 못하게 천사들이 불칼을 휘두르며 철통같이 지키게 했다는 것이다. 그러나 하나님이 선악과로부터는 아담과 하와를 보호할 뜻이 전혀 없었던 것처럼 보인다. 에덴동산의 아담과 하와는 오늘날 말하는 인간의 권리를 보호받지 못하고 무서운 유혹에 노출되어 매일 호기심과 기회만 엿보는 열악한 환경이었던 것이다.

　이것이 오늘 우리의 영적 환경이다.

　하나님도 아담과 하와에게 어려운 시험을 한 것이다. 그러나 이런 악조건 가운데서도 하나님의 명령을 지켰어야 했는데 뱀의 유혹에 하와가 무너졌다. 이렇게 최종 결론은 아담과 하와의 잘못된 선택이었다고 보는 것이다.

　전지전능의 하나님은 아담과 하와가 선악과를 따먹을 것을 예지하고 계셨다. 그러나 예정하신 것은 아니다. 아담과 하와는 선악과를 따먹은 뒤 하나님의 음성을 듣고 낯을 피하여 동산 나무 사이에 숨었다. 이 행동은 순진한 어린아이와 같다.

　하나님은 인류 구원을 위한 계획을 즉각 세우시고 발표하셨다.
“내가 너로 여자와 원수가 되게 하고 네 후손도 여자의 후손과 원수가 되게
　하리니 여자의 후손은 네 머리를 상하게 할 것이요 너는 그의 발꿈치를 상
　하게 할 것이니라 하시고”(창 3:15)

　여기서 우리는 하나님의 선하심과 공의로우심을 믿어야 한다. 하나님께는 불의가 전혀 없으시다. 인간의 권리란 말은 우리 인간 사회의 법이지 창조주 앞에서는 통하지 못한다. 하나님은 창조주요, 법 자체시다. 하나님이 “먹지 말라” 하셨으면 먹지 말아야 한다. 무조건 순종해야 한다. 하나님이 아담과 하와를 흙으로 창조하셨으나 그들은 자신이 하나님의 피조물이다는 사실을 늘 기억해야 했다. 아담도 하와도 그냥 눈을 떠보

니 '내'가 있었다. 누가 나를 만드셨는지 잊고 살았는데 오늘의 인간들도 똑같은 생각을 한다. 창조주를 모른다. '나는 누구인가?' '나는 왜 사는가?'를 모른다.

그리고 선악과를 먹지 말라고 명령하셨을 때(창 2:17)는 아담이 혼자 살 때였다. 하와가 창조되기 전이다. 그 후 하나님이 말씀하시기를 "사람이 독처하는 것이 좋지 못하다" 하시고 아담을 깊이 잠들게 하신 후 아담의 갈빗대 하나를 뽑아서 돕는 배필 하와를 만들어 주셨다.

그 후 아담은 하와와 함께 동산을 거닐면서 동산 중앙에 있는 선악과를 가리키면서 "당신 저 열매는 절대 따먹으면 안 돼요. 먹으면 죽는 거야. 알았죠? 여보 약속해"라고 했고 하와는 "네, 알았어요. 절대로 안 따먹을 거야. 걱정 말아요"라고 답했을 것이다.

하와는 돕는 배필로 창조 받았다.

남편과 늘 함께 있어야 한다는 뜻이다. 그런데 그날 남편과 떨어져 있다가 문제가 발생했다. 하와가 혼자서 다니다 선악과 나무를 쳐다보고 있을 때 뱀이 옆에 와서 "하나님이 참으로 너희더러 동산 모든 나무의 실과를 먹지 말라 하시드냐"라고 했다. 그러자 하와는 답했다.

"아니. '동산 중앙에 있는 나무의 실과만 먹지도 말고 만지지도 말아라. 너희가 죽을까 하노라'라고 하셨어."

여기서 뱀의 질문도 틀렸고 하와의 대답도 틀렸다.

뱀이 말했다.

"그건 거짓말이야. 죽지도 않아. 먹으면 하나님처럼 되는 과일이야."

그래서 여자가 선악과를 다시 보니 너무 보암직도 하고 먹음직도 하고 지혜롭게 할 만큼 탐스럽기도 했다. 또 하나님처럼 된다는 말에 헛된 욕망에 사로잡혀 하와는 선악과를 따먹고 두려워서 남편에게 달려가서 "여보, 먹어 봐요"라고 했다. 하와는 죽어도 같이 죽자는 식으로 남편에게 먹였다.

아담도 이상하다. 하나님의 명령을 알면서 아내의 말에 "왜 따먹었느냐?"라는 한 마디 책망도 없이 그렇게 쉽게 받아먹었을까?

선악과는 하와가 먼저 따먹었는데 하나님은 하와를 찾지 않고 아담을 부르셨다. 하나님은 다 알고 계시면서 "아담아, 왜 선악과를 먹었느냐?"라고 직설로 말씀하지 않고 평소처럼 "아담아 네가 어디 있느냐?"라고 하셨다.

이 말씀은 아담에게 생각의 기회와 회개의 기회를 주시고자 하시는 하나님의 최고의 관심과 사랑의 표현이었다. 그런데 아담은 "내가 벗었으므로 두려워하여 숨었나이다"라고 딴소리를 했다. 그래서 하나님은 "내가 너더러 먹지 말라고 명한 그 나무의 실과를 네가 먹었느냐?"라고 하셨다.

여기서 아담은 하나님를 원망하고 변명하고 책임을 회피하기 시작한다. 잘못하고는 시인하지 않고 사과하지도 않았다. 이렇게 해서 아담은 회개의 기회를 놓쳐 버렸다. 오늘날 인간들도 잘하는 것이 변명과 원망 그리고 불평이다.

하와는 선악과 이야기를 아담으로부터 간접적으로 들었지만 아담은 하나님으로부터 직접 명령받은 증인이다. 그런데 아담은 아내가 주니 아무 말 없이 먹었다. 아담은 하와를 사랑했다. 지금도 남자는 여자 말을 잘 듣는다. 아담이 하나님은 원망했어도 "당신은 나의 뼈 중에 뼈요 살 중에 살이라" 했던 하와는 원망도 나무라지도 않았다. 아담은 끝까지 아내를 사랑했다. 뱀은 여자를 먼저 공략하여 아담을 넘어뜨렸다. 인간은 모두 잘난 척 똑똑한 척하지만 어리석고 판단력도 부족하고 실수가 많다.

10. "아담과 그 아내 두 사람이 벌거벗었으나 부끄러워 아니하니라"(창 2:25)

에덴동산은 날씨가 좋아 벗고 살아도 좋은 곳이었다. 그러나 그들이 범죄를 저지른 후 눈이 밝아져 몸이 벗은 줄을 알았고 두려워 무화과 잎으로 치마를 만들어 입었다. 사람이 옷을 입는 것은 추워서 입는 것이 아니라 죄인이기 때문에 입는 것이다.

11. 에덴동산에도 언론의 자유가 있었다.

아담은 "하나님 당신 때문입니다"라고 했고 하와는 "뱀 때문입니다"라고 했다. 이렇게 마음대로 원망, 불평, 항의할 수 있었다. 에덴동산에도 무슨 말이던 할 수 있는 언론의 자유, 변명의 자유가 있었다. 그러나 아무리 변명을 해도 소용이 없었다. 하나님 역시 "이놈들 말이 많다. 지금 나를 원망하느냐"라는 책망도 하지 않으셨다.

현대인들도 "하나님이 어디 있어? 하나님은 없다"라며 하나님을 원망하고 욕도 한다. 하나님은 최대의 자유를 주셨다. 그러나 그 후 십계명은

"하나님의 이름을 망령되이 부르지 말라" 하셨다. 그 대가를 치르게 되는 그 날이 반드시 온다.

아담과 하와는 항의했을 것이다.

"하나님께서는 왜 선악과 나무를 우리가 날마다 볼 수 있는 동산 중앙에 심어 놓으셨어요?"

그러나 하나님은 "그랬구나. 미안하다. 내가 잘못했구나"라고 하시지 않았다. 모든 것은 그들의 선택이었다. 다만 하나님은 그들이 하나님의 선하신 뜻을 알고 순종하기를 원했다. 그러나 선악과를 따먹은 두 사람은 하나님의 음성을 듣고 낯을 피하여 숨고 원망, 불평하고 책임을 회피했다. 오늘날도 하나님은 "네가 어디 있느냐?" 하시며 찾으시고 사람들은 하나님을 피하고 숨는다.

하나님은 우리를 다 아시면서 날마다 "네가 어디 있느냐?"라고 하신다.

12. 아담과 하와에게는 회개할 수 있는 회개권이 있었다.

만약 아담과 하와가 원망, 불평, 책임 전가 대신 곧바로 회개했더라면 에덴동산에 계속 살 수 있었을 것이다. 그런데 아담과 하와 누구도 회개하지 못했다. "하나님 우리가 잘못했습니다. 용서해 주세요. 한 번만 용서해 주세요"라고 했다면 하나님은 용서했을 것이다.

지금의 우리도 회개하지 않는다. 창조주권 앞에 피조물 인간은 죄를 인정하고 회개하는 것이 영원히 사는 길이요 천국으로 가는 길이다.

아담과 하와는 하나님이 창조주이심을 잘 몰랐다. 아담과 하와도 하나님이 직접 손으로 만드셨지만 눈을 떴을 때는 아무도 없었다. 그 후 하나님이 "내가 너를 창조하였노라" 하셨지만 믿지 않았다.

하나님은 토기장이요 우리는 질그릇이다(사 64:8, 롬 9:20). 그런데도 인간은 창조주를 믿지 못한다.

하나님은 영원불변하시는 창조주이시다. 그러나 인간은 "내가 세상에서 제일"이라고 생각하며 하나님과 싸우며 산다. 그러다가 흙에서 왔는데 흙으로 돌아간다(창 3:19). 이것이 인간 타락이요, 상실이다. 첫 사람 아담은 산영이었지만 범죄하므로 죽었고 마지막 아담 예수 그리스도는 살려 주는 영으로 오셨다(고전 15:45). 인간은 예수 그리스도를 통하여 다시 회복이 이루어져야 영원히 산다.

13. 하나님은 아담과 하와에게 가죽옷을 만들어 입혀(의복권) 주셨다(창 3:21).

아담과 하와는 수치심과 두려움으로 무화과 나뭇잎으로 치마를 만들어 가리었지만 하나님은 아담과 하와를 사랑하여 좋은 가죽옷을 만들어 입혀 주셨다. 요즘도 가죽옷은 비싸다. 이것이 창조주 하나님의 사랑이다. 여기 가죽옷은 상체와 하체를 가리는 가운 같은 옷이었다.

하나님께서 옷을 집어 던지며 "입고 떠나라" 하신 것도 아니고 마지막 사랑으로 손수 가죽옷을 만들어 아담과 하와에게 차례대로 입히시고 그들이 아니고 그 사람을 쫓아내셨다.

사람의 기본권이 의식주다. 그중에 옷이 첫째다. 그래서 사람들은 좋은 옷을 사러 백화점으로 몰린다. 하나님이 에덴동산에서 "나가라" 하시니 하와는 남편의 손을 잡고 에덴동산에서 나왔을 것이다. 하나님은 부부를 한 사람으로 보신다. 가죽옷은 두 벌이었지만 사람은 단수로 말씀하셨다. 남녀차별이 아니고 부부는 한 몸 한뜻으로 살아야 함을 강조하신 것이다. 에덴동산에서는 먹는 문제가 해결되었는데 이제 힘들게 농사를 짓고 주택을 만들고 살아야 한다(창 3:23).

다시 말하지만 여자는 선악과를 먹지 말라는 명령을 직접 듣지 못했고 남편으로부터 전해 들었다. 그래서 뱀이 여자에게 접근하여 넘어뜨렸다. 아담은 하나님의 명령을 직접 받은 현장 증인이다. 그래서 아담이 원죄의 책임자가 된다. 그리고 아담이 하와에게 하나님의 말씀을 제대로 전달하지 못한 것이 뱀과의 대화에서 드러났다. "먹지도 말고 만지지도 말라. 죽을까 하노라"라는 소리가 아담의 소리였는지 하와가 잘못 듣고 잘못 말한 것인지 둘 중에 하나다. 만약 아담이 하나님의 말씀을 정확하게 전달하지 못했다면 책임이 크다.

복음 전도자들은 정확한 복음을 전해야 한다. 우리가 전도할 때도 복음을 잘못 전하면 그 책임이 내게 돌아온다. 강단의 설교자도 정확한 복음을 전해야 한다. 길거리에서 복음을 전하는 자도 복음을 정확하게 잘 전달해야 한다. 누구든지 예수를 주와 그리스도로 영접하면 천국 간다. 예수를 믿고 영접하라. 아니면 100% 지옥 간다. 정확한 말씀의 전달이 필요하다.

"예수 믿지 않으면 지옥 갈까?" 또는 "갈지도 모른다"가 아니다.

인간 회복의 현장 골고다 예수님의 십자가

아담과 하와는 뱀의 유혹으로 선악과를 따먹은 죄로 인류에게 사망을 가져왔지만 예수님은 40일 금식 후 "돌로 떡을 만들어 먹어라"는 사탄의 시험을 말씀으로 물리치시고 아버지 하나님께 순종해 십자가를 지시고 부활 승리하시고 우리의 대속자가 되셨다.

주님은 마귀의 시험을 다 이기시고 승리하셨다.

주님은 "내 뜻대로 마시고 아버지의 뜻대로 하소서"라고 기도하셨고 십자가 위에서는 몸이 찢어지고 피가 멈추고 죽는 순간 "다 이루었다"고 말씀하셨다. 이것으로 주님은 죄인들을 위한 영원한 제사를 드리셨고 성전 휘장이 찢어지고 낙원으로 들어갈 수 있는 새로운 산길을 여셨다 (히 10:20). 이렇게 주님은 생명 나무로 가는 길을 만드시고 인간 회복의 길을 열어주셨다. 에덴동산의 생명 나무를 지키던 그룹들과 화염검도 사라졌다. 우리 주님이 길이요 진리요 생명이요 영원한 인간 회복의 길이다.

지금 우리 지구 동산의 인류에게도 새로운 선택권이 주어졌다. 생명의 길이냐, 사망의 길이냐? 좁은 길이냐, 넓은 길이냐? 천국이냐, 지옥이냐?를 본인이 선택해야 한다.

"귀 있는 자는 성령이 교회들에게 하시는 말씀을 들을지어다 듣고 주님께로 나오면 산다 이기는 그에게는 내가 하나님의 낙원에 있는 생명 나무의 과실을 주어 먹게 하리라"(계 2:7)

주님은 다 내게로 오라고 부르신다. 우리는 사탄의 모든 유혹을 물리치고 주님의 이름을 부르며 달려가야 한다.

"내가 곧 생명의 떡이로다"(요 6:47)
"누구든지 목마르거든 내게로 와서 마시라 나를 믿는 자는 성경에 이름과 같이 그 배에서 생수의 강이 흘러나리라"(요 7:37-38)
예수님이 생명 나무시며 생명 과실이다.

인류의 영원한 인권 회복을 위하여 복음을 전하자.

"영접하는 자 곧 그 이름을 믿는 자들에게는 하나님의 자녀가 되는 권세를 주셨으니"(요 1:12)

예수 그리스도를 통하여 인간 회복이 이루어진다. 다시 하나님의 자녀가 되는 인간을 회복하는 특권을 주셨다는 말씀이다. 교회는 신령한 음식인 생명 나무 열매를 먹고 신령한 음료를 마시러 가는 식당이다. 교회는 참된 인간 회복센터다. 전도 활동은 참된 인간 회복 운동이다. 우리 그리스도인들은 사망에 종노릇하는 어두움에 있는 자들을 찾아가서 복음의 빛으로 참된 인간 회복을 알려야 한다. 참된 인간은 노력으로 회복하는 것이 아니고 예수 그리스도를 통하여 얻는 하나님의 선물이다. 예수 그리스도 없는 인생의 삶은 혼돈과 공허, 흑암뿐이다.

그러나 그리스도 안에는 빛과 생명 은혜와 진리가 충만하다.
교회에서 말씀을 들으며 입으로 "아멘"하며 입을 벌려 생명의 떡을 받아야 한다.

"네 입을 넓게 열라 내가 채우리라"(시 81:10)

아담과 하와는 동산에서 쫓겨난 후 가인, 아벨, 셋을 낳고 930세를 살았다.

그다음 세대 가인과 아벨을 보자(창 4:3-7).

세월이 지난 뒤에 가인과 아벨이 하나님께 제사를 드렸다. 선악과를 따먹은 후손은 양심과 종교성이 생겼다. 그래서 제사를 드릴 생각을 했다.

가인과 아벨이 제사를 함께 드렸으면 아무 문제가 없었을 것이다. 그런데 왜 따로 드렸을까? 이것이 죄요 문제다. 하나님은 아벨의 제사는 받으시고 가인의 제사는 받지 않았다. 예수님도 의인 아벨이라고 하셨다(마 23:35).

히브리서 11장도 믿음의 선진들을 쓰면서 아담의 이름도 가인의 이름도 빠지고 아벨, 에녹, 노아, 아브라함을 썼다. 그리고 아벨이 믿음으로 더 나은 제사를 드렸다고 칭찬하고 있다. 그러나 가인의 죄는 잘못된 제사가 아니고 살인죄다. 이때도 하나님은 "가인아, 왜 아벨을 죽였느냐?"라고 하시지 않고 돌려서 "가인아, 네 아우 아벨이 어디 있느냐?"고 물으셨다. 여기서 가인이 "나는 모릅니다. 내가 아우 지키는 자입니까? 하나님이 찾아보세요"라고 했다.

가인의 죄는 형제를 사랑하지 못한 죄다. 그리고 가인은 동생을 죽이고도 하나님께 버럭 화를 냈다. 가인은 회개할 줄 몰랐다. 아담은 책임 전가를 했지만 가인은 동생을 죽이고도 거짓말을 했다. 만약 가인이 "하나님 제가 실수로 동생을 죽였습니다. 하나님 잘못했습니다. 용서해 주세요"라고 회개했다면 용서받을 수 있었을 것이다.

요즘 한국에 우파, 좌파 소리가 나온다.

성경에도 우파, 좌파가 있다. 성경은 의인과 악인의 역사로 두 갈래로 갈라졌다.

예수님도 "양은 그 오른편에 염소는 왼편에 두리라"(마 25:33) 하셨다.

당신은 어느 쪽인가?

주님이 보실 때 나는 오른쪽이냐 왼쪽이냐 묻는 말이다. 그리스도인은 스스로 좌우를 분간할 수 있어야 산다. 예수님이 제자들에게 "그물을 배 오른편에 던져라" 하셨는데 오른편에 던졌더니 고기가 심히 많이 잡혀 그물을 들어 올릴 수가 없을 정도로 많이 잡혔다(요 21:6). 주님의 말씀에 순종한 결과였다. 우리 크리스천은 말씀대로 그물을 배 오른편에 던져야 한다.

1

내 인생 후반전

"곧 창세 전에 그리스도 안에서 우리를 택하사(Chosen) 우리로 사랑 안에서
그 앞에 거룩하고 흠이 없게 하시려고 그 기쁘신 뜻대로 우리를 예정하사
예수 그리스도로 말미암아 자기의 아들들이 되게 하셨으니"(엡 1:4-5)

재미있는 이야기가 있다.

미국 선교사들이 처음 우리나라 조선에 왔을 때 조선사람은 선
택받은 사람들 (Chosen people)이었다. 조선사람은 영어로 보면 "선택받은
사람"이라는 뜻이다. 우리는 땅끝 전도 세계선교를 위해 선택받은 조선
사람이다.

나는 초등학교 1학년 때부터 경북 영일만에 있는 시골 교회에서 찬송
(411장) "예수 사랑하심은 거룩하신 말일세 우리들은 약하나 예수권세 많

도다 날 사랑하심 날 사랑하심…"을 부르며 유년부장 이상락 집사님의 가르침에 은혜를 받고 예수님을 나의 구세주와 주님으로 영접하여 구원의 확신을 받아 신앙생활이 시작되었다.

믿음은 성장해야 한다. 어렸을 적에는 죄를 잘 모른다. 성인이 되면서 죄를 알게 된다. 죄인임을 스스로 깨달아 회개해야 한다. 회개할 때 죄의 길에서 예수 믿고(하나님께 돌이킬 때) 구원의 은혜를 체험한다.

회개해야 천국과 지옥이 확실히 보인다. 회개해야 성경 말씀이 환하게 보인다. 이것이 나의 간증이다.

구원은 하나님 말씀대로 하나님의 선물이다.

"너희는 그 은혜에 의하여 믿음으로 말미암아 구원을 받았으니 이것은 너희에게서 난 것이 아니요 하나님의 선물이라"(엡 2:8)

주님의 십자가를 확 붙잡는 것이 구원이다.

"Oh, Lord My Savior, I Love You Jesus!"

날마다 순간마다 주님께 사랑을 고백한다.

나는 진주와 서천에서 목회하다가 1986년 미국에 왔다.

선배 목사님 집에 며칠 머물다 미국에 오셔서 목회하시는 LA 이모부님 집을 찾아갔다. 이모님 집에서 두 주간쯤이 지났을 때 이모부님이 조지아에 목회지가 있다면서 나를 데리고 어느 공항으로 갔는데 비행기를 타고 큰 공항에 내려서 한 시간을 기다렸다. 다시 6인승 경비행기를 타고 조종사 뒷좌석에 앉아서 날아가는데 비행기가 흔들리고 무서웠다. 도착해보니 미국의 작은 동네교회의 성경 공부방에서 10명 정도의 교인들을 놓고 설교하게 되었다.

몇 주가 지나자 미국에서 살려면 영주권이 있어야 하는데 영주권을 어떻게 만들어야 할지 불안과 함께 고민이 시작되었다. "방법은 기도밖에 없다" 생각하고 자동차도 없고 운전면허증도 없으니 자전거를 구해서 새벽 4시에 아파트에서 4마일을 달려 아무도 없는 교회 강대상 앞 카펫에 꿇어앉아 "하나님 아버지 영주권 주세요"하고 소리쳤다.

한 달이 지난 어느 날 날이 환해지는데 교회 문을 열고 나오니 미국교회 담임 목사님이 현관에 서 계셨다. 몇 주 후 또 그렇게 현관에서 목사님을 만났는데 목사님이 나에게 "영주권이 필요하지 않느냐?"라고 하는 것 같았다. 그래서 "예스"라고 말했다. 자기가 잘 아는 변호사가 있다면서 졸업장과 목사 안수증을 가지고 만나자고 해서 서류를 만들어 변호사에게 보내고 2주 후 변호사와 함께 이민국에 가서 당일에 선서하고 서명하고 집에 돌아왔는데 미국에 들어온 지 4개월 만에 영주권이 우편으로 날아왔다.

영주권을 받아들고는 너무 좋아서 "하나님 감사합니다"를 백 번 했다. 그리고 한 달 만에 아내와 두 딸도 함께 미국으로 들어오면서 영주권을 받았다.

1년 후 우리는 그곳을 떠나 대도시 시카고로 옮겼고 그 뒤 김 목사님도 영주권을 받고 좋은 교회를 담임하게 되었다. 나는 김 목사님이 설교하시던 교회의 주일 설교 목사가 되어 2시간을 운전하면서 3년을 다녔다.

그러던 중 생활비 때문에 이 목사님의 안내로 1988년 여름부터 시카고 택시 운전사가 되었다.

어느 날 흑인 여자가 1갤론 짜리 우유 통을 들고 탔다. 그녀의 요구대로 한참을 달려서 도착하자 요금이 5불 정도 나왔다. 그런데 그녀는 돈을 주지 않고 그냥 집으로 올라갔다. 나는 차를 세워 놓고 여자를 따라가면서 돈을 달라고 했다. 그녀가 현관문을 열자 카펫 위에 세 아이가 있고 침대 위에 두 아이가 또 있었다.

그녀는 아이들 이름을 불렀다.

"제임스 원, 제임스 투, 쟌 투, 쟌 쓰리….'"

들어보니 모두 성경의 이름이다. 그녀는 택시비는커녕 "아이들이 죽게 됐다"며 오히려 "5불만 달라"고 했다. 그리고는 "밖에 나가 노는 아이가 둘이나 더 있다"고 한다. 나는 택시비 5불을 받으러 갔다가 5불을 주고 나왔다. 나중에 선배 운전사에게 이야기했더니 "그런 데를 왜 가느냐? 다음부터는 태우지도 말고 가지도 말라"고 했다. 미국 정부에서는 아이들 양육비가 꽤 나오는데 이상하다고 생각했다.

당시 한인 택시 운전사는 약 40명 정도였다.

택시 운전을 시작한 지 한 달 정도 지났을 때 오헤어 공항 택시 승차장에 차를 세워 놓고 순서를 기다리고 있었다. 그때 덩치 좋은 한국 운전사가 다가오더니 "어이, 당신 목사라면서?"라고 했다. 질문도 아니고 비꼬는 말투길래 대답을 하지 않았다.

그런데 다음날 또 와서 빈정거렸다. 그래서 "너 누구야? 왜 이래? 너 쌈쟁이야 뭐야? 한번 해 볼까? 저쪽으로 따라와"라고 소리쳤더니 슬그머니 가버렸다. 사실 겁만 주려고 했던 것인데….

 성경은 "용서하라 사랑하라"고 하셨는데 나는 어느새 싸움을 하려는 나쁜 놈이 되어 있었다. 하나님께 받은 구원에, 영주권에 감사하고 기뻐해야 하는데 세상일에 스트레스를 받으며 감사가 없으니 인생이 잘 될 수가 없었다. 택시를 시작할 때 5년만 하고 그만두겠다고 결심했던 것이 6년이 지나도 내 뜻대로 되지 않았다.

2

나 같은 죄인 살리신

어느 해, 12월 눈 내리는 어느 겨울 저녁 9시경이었다. 식당 앞에서 흑인 남자 두 명이 타고는 "달톤(Dalton)으로 가자"고 했다. 약 20마일 떨어진 먼 곳이다. 힐튼호텔에서 한 명을 더 태우고 가야 한다고 해 호텔 앞에 세웠는데 사람을 찾더니 "그냥 가자"고 해, 고속도로를 타고 인디아나 쪽으로 달렸다. 밤에 흑인을 태우고 남쪽으로 가는 것이 약간 불안했지만 기왕 태웠으니 좋은 마음으로 가자고 생각하며 30분 정도 운전해 달톤에 들어섰다.

그들의 요구대로 동네 주택가로 들어섰더니 길이 온통 눈으로 덮여 있었다. 조금 가다가 차를 세우라고 했다. 요금이 얼마라고 말하려고 뒤를 돌아보니 권총으로 겨누면서 "돈 다 내놔"라고 했다. 순간 이제 큰일 났구나 싶어 "돈 다 줄 테니 쏘지 말라"며 속으로 "하나님 살려주세요"라고 기도했다. 그리고 나는 총을 든 남자에게 "하나님이 당신을 사랑하신다. 쏘지 말라. 부탁한다"고 하며 돈을 다 꺼내 주니 핸드폰도 내놓으라고 한다. 다 주고 나니 이번에는 차에서 내리라고 한다. '죽이지는 않겠구나'하는 생각에 얼른 차에서 내렸다. 내가 차에서 내리자 다른 한 명이 운전석에 앉아 택시를 몰고 가버렸다.

나는 "살았다. 오, 하나님 감사합니다"를 외치며 주유소를 향해 달리면서 연신 "하나님 감사합니다. 감사합니다"를 외치며 달렸다.

"하나님 나 같은 놈을 살려주시다니… 오 하나님 감사합니다. 이놈들아 고맙다. 자동차 몰고 가면 경찰에 잡힌다. 조금 가다가 놓고 가라."

헐떡거리며 주유소에 도착했지만 돈이 하나도 없었다.

주변에 "경찰 좀 불러 달라"고 하니 동전을 주면서 "직접 전화해"라고 한다. 경찰에 전화하고 2분 정도 있으니 경찰이 도착했다. 경찰차에 타서 자초지종을 이야기하자 경찰이 무전기로 상황을 알아본 후 내 택시는 벌써 찾았다고 한다.

경찰서에 도착해 서류를 작성하는데 수상한 흑인 둘을 잡았다면서 나와서 보라고 한다. 나가 보니 환하게 밝혀진 경찰차 안에 두 명의 흑인이 보이고 경찰이 "이놈들이 맞냐?"고 묻는다.

맞는 것 같았지만 혹시나 하는 생각 그리고 또 이놈들은 나를 죽이지 않고 보내 주었는데… 하는 고마운 생각에 "아니다"라고 말했다. 이런 일 때문에 강도들은 돈을 뺏은 후 사람을 죽인다. 자기 얼굴을 아는 사람이 있으면 안 되기 때문이다. 그 후에 경찰이 또 몇 명을 잡아 와서 보라고 했다. 정확히 알 수가 없기에 "아니다"라고 말했다. 그러자 또 사진첩을 꺼내놓고 범인을 찾아보라고 했다. 나는 조금 보다가 "없다"고 하고는 덮어 버렸다.

조사가 끝나니 자정이 넘었다.

차를 몰고 집으로 오면서 '안 죽고 살아서 집으로 가는구나. 오 하나님 감사합니다'라고 생각했다. 이 일은 오랫동안 식구들에게 말하지 않았다. 나름 비밀이었다. 내가 시카고에서 택시 운전을 시작한 1988년부터 2016년 2월까지 모두 56명이 죽었다. 1990년에는 함께 일하던 운전사 김씨가 강도의 손에 죽었다.

내가 사고를 당한 1994년 한 해에만 택시 운전사 5명이 강도에게 죽임을 당했다. 요즘은 택시에 카메라가 달려서 강도가 많이 줄었지만 그때는 대책이 없었다.

그날 이후 나는 밤에 운전하는 것을 피했다.

그날 밤 집으로 오면서 사형수가 사형 직전에 특별사면을 받은 것으로 생각하고 감사하며 새로운 삶을 살리라 생각했다. 그러면서 백만분의 1에 해당하는 사건이 왜 내게 일어났을까? 불레셋 사람들이 이스라엘의 언약궤를 뺏어 왔는데 이때부터 사람들이 죽고 병이 나고 이상한 일이 계속 생기니 불레셋 사람들도 이것이 우연일까? 언약궤 때문일까? 를 불레셋 사람들이 시험해 본 결과 우연이 아닌 것을 알게 되었다(삼상 6장). 룻이 보아스를 밭에서 만난 것도 우연이 아니었다(룻 2:3).

하나님 앞에서는 우연은 없다는 것을 믿게 되었다. 내가 강도를 만난 것도 하나님의 예정된 계획이었음이 분명해졌다.

나는 성경을 보다가 "너희도 만일 회개치 아니하면 다 이와같이 망하리라"(눅 3:5)는 말씀을 본 후 무서웠다. '내가 회개하지 않으면 다음번에는 죽는다. 이것이 마지막 기회다'라는 생각을 하게 되었고 "정신 차리자. 이제부터 똑바로 살겠다"고 마음먹었다. 그러나 이것은 마음먹고 결심한다고 해서 해결되는 일이 아니었다.

3
회개의 축복

그러던 어느 날 새벽기도에 가고 싶어 새벽 일찍 가까운 교회에 갔다. 새벽 예배가 끝나고 혼자서 무릎을 꿇었다.

"하나님 이 죄인을 불쌍히 여겨주소서. 저를 용서하여 주세요. 제가 잘못했습니다. 하나님 용서해 주세요. 지금부터 똑바로 살겠습니다."

수없이 소리치며 통곡했다. 그날 기도하면서 '내가 지금 회개를 하고 있구나'라는 생각에 회개를 주신 하나님께 감사했다. 그날 하나님의 따뜻한 사랑으로 완악한 마음이 녹고 새 사람으로 변화되었다.

'하나님의 은혜와 사랑을 저버리고 살아온 이 죄인이 이제부터 주님 앞에서 똑바로 살겠습니다'라는 기도를 마치고 보니 교회 안에는 아무도 없었다. 밖에 나오니 온 세상이 어느 때보다 아름답게 보였다.

다음날 새벽에 또다시 교회에 가서 부르짖기 시작했다.

'이 사망의 골짜기에서 건져 주세요. 주여 나를 주의 손으로 붙들어 주

소서. 새 사람으로 복음을 전하며 살기를 원합니다. 저의 남은 인생을 주님만 사랑하며 살게 하여 주소서.'

나는 원래 고집이 세고 눈물이 없는 사람이었는데 이때 회개하면서부터 은혜로운 찬송을 부르면 눈물을 흘리는 사람이 되었다.

나는 미국에 오기 전에는 죄도 없고 회개할 것도 없는 현대판 바리새인이었다. 나는 어려서부터 교회를 다녔고 증조할아버지 때부터 크리스천 가정에서 자라서 회개란 단어가 별로 의미가 없었는데 그날 이후 "회개하고 복음을 믿으라"는 말씀이 이해되었다.

"사람이 회개하지 아니하면 그가 그의 칼을 가심이여 그의 활을 이미 당기어 예비하셨도다"(시 7:1)

그러나 내가 회개하지 않으니 하나님은 칼이 아니라 총을 준비하셨다. 하나님은 택한 백성을 꼭 회개하게 하신다. 그리고 회개의 기도도 통곡도 좋지만 죄의 쇠사슬을 끊고 청산하고 하나님의 말씀대로 살아야 한다. 모든 죄는 중독성이 있어 내 힘으로는 끊는 것이 불가능하다. 그런데 나는 이 모든 것을 하나님의 은혜로 신기하고 쉽게 모두 끊을 수가 있었다. 이것이 나의 간증이고 찬송이다.

사람이 변질되면 망하지만 주님의 말씀과 성령 안에서 회개로 변화되면 하나님의 사람이 된다(롬 12:2). 변질은 사탄의 술책이고 변화는 성령의 역사다. 회개하는 자는 은혜를 입지만 그렇지 못한 자는 망한다.

회개는 내 마음대로 하는 것이 아니고 하나님의 은혜다. 이처럼 하나님은 망할 자와 구원을 얻을 자를 만세 전에 예정하셨다는 사실을 바울이 성경에서 말씀하고 있다.

"오직 은밀한 가운데 있는 하나님의 지혜를 말하는 것으로서 곧 감추어졌던 것인데 하나님이 우리의 영광을 위하여 만세 전에 미리 정하신 것이라"(고전 2:7)

자기가 하나님의 택함을 받은 자라는 것을 아는 자는 복된 자다. 나의 인생을 인도하시는 하나님은 나를 미국 시카고로 보내셨다. 요즘 생각하면 택시 운전사가 된 것도 모두 하나님의 계획이었음을 알게 되었다. 내 인생을 인도하시는 하나님의 은혜와 사랑에 감사하며 운전사로, 전도자로 살기로 했다.

어떤 직업은 전도하기에 좋다.

그중 하나가 바로 택시 운전사다. 하루 평균 20-30차례 손님을 태운다. 어떨 때는 서너 명이 함께 타기도 한다. 전도할 수 있는 좋은 기회다. 특히 내 택시는 하루 종일 돌아다니는 전도 차량이다. 내 택시는 뒤에도 전도 문구가 붙어 있고 차 안에도 달려 있다. 나는 자동차 트렁크에 항상 전도 장비를 갖고 다닌다. 성령님이 "전도하라"하시면 언제든지 해야 하는 사명자다. 지방에서 시카고 다운타운에 오려면 한 시간 이상 걸린다. 전도를 위해 오려면 마음을 먹어야 한 번 올 수가 있다. 그러나 나는 매일 다운타운을 돌아다니는 택시 운전사다.

나를 시카고 거리의 전도자로 만든 것은 하나님의 뜻이었다는 것을 워터 타워 앞에서 전도하면서 확신하게 되었다. 강원도 화천 산골짝 군인교회 뒷산에 올라가서 큰 목소리를 갖기 위한 훈련을 한 것도 모두 지금을 위한 것이었다는 걸 알게 되었다. 하나님은 준비된 자를 쓰신다.

성경에 솔로몬이 1000번의 번제를 드렸다는 말씀이 나온다(왕상 3:4).

솔로몬이 왕이 된 것이 감사해서 기브온 산당에 백성들을 모으고 그날에 1000마리의 양이나 소를 잡아 1000번의 번제를 드렸다는 말씀이다.

그날 밤에 솔로몬이 산당에서 자는데 하나님이 꿈에 나타나셔서 "솔로몬아 네 소원이 무엇이냐? 무엇이든지 들어주겠다"고 하셨다.

나는 이 말씀을 통해서 배운 것이 있다.

"나도 하루에 1000번의 감사제를 드리자."

나는 입으로 낙헌제(시 119:108)를 드려야겠다고 마음먹었다.

"하나님 나의 소원은 땅끝까지 주의 복음을 전하는 것입니다. 하나님 내 소원도 들어주세요."

그리고 첫날에 "하나님 감사합니다. 예수님 감사합니다. 하나님 감사합니다"를 생각날 때마다 하루에 수십 번씩 하면서 1000번을 했다. 그랬더니 그 다음날 있을 수 없는 이상한 일이 생겼다.

너무도 신기한 일이었다.

예상치 못한 전화가 왔다. 택시 손님이 30불짜리 요금을 카드로 결제하면서 손님은 "결제가 됐다는 소리를 듣고 확인했다"면서 택시에서 내려서 갔다. 결제가 끝나면 영수증이 나와야 하는데 나오지 않았다. 가는 손님을 붙잡고 내 전화번호를 적어주고는 "은행에 확인해보고 전화를 달라"고 했다. 기다리다가 소식이 없어서 포기했는데 두 달이 지나서 회사 앞으로 오라고 해서 갔더니 그 사람이 현금으로 40불을 주었다. 너무 기분이 좋았다.

그래서 나의 1000번의 입술의 낙헌제를 하나님께서 들으셨다는 것과 하나님이 좋아하신다는 것 그리고 계속하라는 뜻으로 받아들였다.

이 이야기를 잘 알고 지내는 사람에게 했더니 "무슨 좋은 일이 그렇게 많아서 1000번을 감사했느냐?"고 물었다.

"구원받고 지금까지 살아온 세상만사가 다 하나님께 감사하지 않느냐?"고 말했더니 "그렇게 입으로 생각 없이 1000번을 하면 뭐 하느냐"고 했다. 그래도 그날부터 계속 실천하고 있다. 나는 정말 하나님의 은혜에 너무도 감사하다. 그래서 죽는 날까지 매일 1000번의 낙헌제 입술로 감사제를 올릴 것이다.

하나님은 맨입으로, 빈손으로, 숫자만 세는 감사도 기뻐 받으신다는 것을 매일 체험한다. 그래서 날마다, 숨 쉬는 순간마다, 걸어 다닐 때도, 운전하면서도, 운동할 때도 1000번의 낙헌제를 드린다. 애교 있는 목소리로 입을 모아서 예쁘게 "하나님 감사해요, 예수님 고마워요, 감사해요, 예수님 사랑해요"라고 하면 감사의 표현이 달라진다. 주님이 옆에서 보시고 웃으시며 "잘한다"고 칭찬하시는 것 같았다.

일을 마치고 집으로 돌아와 2층 계단을 올라올 때 발소리를 들은 32살 약대생 딸이 5살짜리 목소리로 "아빠"하고 부르면 그 목소리에 금방 기분이 좋아진다. 어떤 날은 "아빠, 아빠"라고 두 번 부른다. 두 번 들으면 기분이 더 좋다. 옛 어른의 말씀에 "아이가 자라면서 하루에 "엄마, 아빠"를 세 번만 부르면 효도는 다 한 것"이라는 말이 있다.

성경도 "주의 이름을 부르는 자는 구원을 얻으리라" 하셨다. 주 예수의 이름을 감사하는 마음으로 사랑하는 마음으로 예쁘게 잘 불러야 한다.

"하나님 감사합니다"라는 고백은 하루에 1000번을 해도 부족하다. 찬송가에도 "만 가지 은혜를 받았으니 주님만 위하여 늘 살겠네"라고 했다.

우리는 불평불만에 익숙하다. 그래서 나는 원망 불평을 원천봉쇄하는 방법으로 하루 1000번 감사를 시작했다. 다윗의 감사는 대부분 받은 은혜에 대한 감사였다. 하박국의 감사는 물질적으로 가난하고 아무것도 없어도 영적으로 받은 은혜에 감사하는 자세였다.

욥은 자식이 다 죽고 재물이 다 날아가고 아내도 욕하고 떠나고 자기 몸은 불치병에 걸려 고통이 참혹한 지옥 같은 인생이 되었지만 하나님을 원망하지 않고 경배와 찬송을 드리는 참된 하나님의 사람이었다.

4

하나님의 소명과 명령

기독교 강요를 쓰신 칼빈도 "목회자는 비밀한 소명이 있어야 한다"고 했다. 소명자 발굴 초청 설교에서 "신학교를 가겠다"고 자원하고 일어선 기억은 있어도 초자연적인 소명을 들은 적은 없었다. 그래서 목회도 성공하지 못했다. 나는 이제 복음을 전하는 전도자로 살기로 결심했다.

그래도 1995년부터 '목회는 못 해도 전도는 해야겠다'는 생각에 좋은 복사기를 사고 종이를 몇 박스 사서 전도지를 만들고 좋은 전도지를 보면 복사해서 전도를 시작했다. 현지인 교회에서 목사님의 허락을 받고는 전도지를 한 보따리씩 갖고 와서 오헤어 공항 운전사들에게 돌리고 한국 사람들에게는 오늘의 양식을 매일 복사해서 나눠주었다. 자동차 문이 열려 있으면 전도지를 차 안에 던져 넣기도 했다. 운전사들은 전도지를 길거리에 버리는 경우가 많았다. 결국 공항 매니저로부터 "전도지를 돌리지 말라"는 경고를 받은 뒤에는 "사람에게 직접 주기만 하겠다"라고 약속했다. 그리고 그 일을 계속했다.

2000년에는 택시 운전을 하면서 다시 현지인 교회의 성경 공부방을 빌려서 '사마리아교회' 이름을 걸고 어렵게 개척교회를 시작했다.

새벽기도를 하고 공항에 가서 전도지를 돌리고 팔방으로 뛰면서 6개월쯤 됐을 때 교회 담임 목사님이 "장소를 비워 달라"고 해서 갑자기 문을 닫게 되었다. 그 후에 다른 모임 장소를 찾지 못했다.

하나님이 나에게 "교회를 하지 말라"는 말씀이다라고 생각하고 "하나님 저는 목회자가 아니라 노방 전도자로 살겠습니다"라고 하나님께 약속하고 교회 푯말을 내렸다.

주일예배 후에는 쇼핑몰 주차장에서 전도지를 돌리며 세워 놓은 차의 유리창에 전도지를 끼우기도 했다. 어느 날 경찰이 와서 "뭐 하냐?"고 물었다. 나는 전도지를 보여주며 "전도하고 있다"고 했더니 "전도지를 사람 손에 직접 주라"고 하며 시 조례의 문구를 보여주면서 "차에 꽂지 말라"고 했다. 나는 '뭐 좋은 방법이 없을까?' 생각하며 공항에서 운전사들에게 전도지 돌리는 일을 계속했다.

전도지 돌리기를 시작한 지 12년이 지난 2008년 2월 어느 날 아침. 항상 하던 대로 공항에서 전도지를 돌리고 있었다. 그런데 주님께서 갑자기 "너 입 두었다가 뭐 하느냐. 외쳐라"고 하시는데 갑자기 머리가 확 달아오르면서 대답할 틈도 없이 입에서 외침이 터졌다.

"Believe in Jesus, You go Heaven."

나는 너무도 놀랐다. 그래서 계속 외쳤다. 나는 내가 영어로 복음을 외치리라고는 생각도 못 했다. 그런데 갑자기 일이 벌어졌다. 나는 놀라고 감사하고 좋아서 공항을 한 바퀴 돌면서 계속 큰 소리로 외쳤다. 사람들도 놀라서 쳐다보았다.

이날이 주님이 나를 외치는 길거리 전도자로 만드신 소명의 날이었다. 하나님의 놀라운 부르심과 명령에 나는 갑자기 외치는 전도자가 되었다. 이날 주님의 명령으로 나는 지금까지 계속 외칠 수 있었다. 나는 언제나 있는 힘을 다해 큰소리로 외친다. 왜냐면 하나님은 나에게 "말하라" 하신 것이 아니고 "외쳐라" 하셨기 때문이다.

나는 이렇게 해서 광야의 외치는 자가 되었다.

하나님은 이사야 선지자에게 "크게 외치라 아끼지 말라 네 목소리를 나팔같이 날려 내 백성에게 그 허물을 야곱 집에 그 죄를 고하라"(사 58:1)고 하셨다.

나는 하나님의 명령에 너무도 감사하다. 미국에서 태어난 미국인들조차도 못하는 '외치는 노방전도'를 주님은 내게 하라고 사명을 주셨다. 내가 길거리에서 복음을 외칠 수가 있다니… 이것은 하나님의 특별한 사명이요 시카고에 보내시고 택시 운전사를 만드신 목적이었음을 알게 되었다. 이에 감사하며 지금까지 열심히 정한 시간에 쉬지 않고 있는 힘을 다해 복음을 외친다.

5

경찰의 공권력 위협

공항에서 운전사들을 상대로 열정적으로 복음을 외치기 시작한 지 한 달만에 문제가 발생했다. 택시 운전사들을 관리하는 공항 매니저가 "소리치지 말라"고 했고 나는 "왜 안 되냐"며 서로 충돌이 생겼다.

다음 날 내가 또 외치기 시작하자 기다렸다는 듯이 경찰 4명이 달려왔다. 그중 한 명은 자기도 예수님을 믿는다면서 좀 자제해달라고 했다. 그래서 알았다고 했다.

몇 주 뒤 복음 전도 사인판을 크게 디자인해서 오헤어 공항에 택시 승강장을 돌면서 복음을 외쳤다. 또 매니저가 불렀는지 경찰 간부 한 명과 경찰차 3대가 출동했다. 경찰이 사인판을 들고 다니려면 먼저 허가를 받아야 하고 사인판의 크기도 규정이 있는데 이것은 너무 커서 안 된다고 했다. 그러면서 택시를 몰고 나가라고 했다. 경찰들이 내 택시에 둘러서자 크리스천 운전사들이 모였고 경찰과 실랑이가 벌어졌다. 그러자 경찰은 "지금 차를 몰고 나가지 않으면 수갑을 채우겠다"고 협박했다.

"주여 이제도 저희의 위협함을 하감하옵시고 또 종들로 하여금 담대히 하나님의 말씀을 전하게 하여 주옵시며"(행 4:29)

세례(침례)요한, 야고보, 베드로, 바울 때나 지금이나 공권력이 전도자를 핍박했다. 체스터톤은 민주주의 국가에서도 "교회가 정부와 친해지면 정부는 좋지만 교회는 나쁘다"라고 말했다. 즉 교회의 세속화가 시작된다는 뜻이다.

칼 막스의 공산주의도 사도행전 2장 44-45절에서 시작된 것이라고 한다.

"모든 물건을 서로 통용하고 재산과 소유를 팔아 각 사람의 필요를 따라 나눠주고"라는 말이 나온다. 공산주의가 성경대로 하겠다는 것이다. 그러나 그다음 절에 "날마다 마음을 같이하여 성전에 모이는 것과 하나님을 찬미하는 것"을 공산주의는 방해하고 핍박하고 체포하고 교회를 탄압하고 집회를 막았다. 공산주의는 사탄의 이론이지 성경적이 아니다.

시카고 택시 운전사 중에는 무슬림이 많다.

이슬람교는 주후 570년에 태어나서 630년에 죽은 마호메드가 창시한 종교로 처음에는 초생달을 신으로 믿다가 진화 과정을 거쳐서 지금은 알라신이 유일신이 되고 모하메드가 마지막 예언자로 바뀌고 예수님도 성경도 아니고 코란을 따라야 한다며 전쟁과 테러로 위협한다.

그들의 전도지를 보면 "GOD is one 하나님은 한 분이시다"(약 2:19) 표어를 내걸고 기독교로 파고 들어오는 속임수를 쓰고 있다. 얼핏 보면 맞는 말이다. 그런데 코란의 알라와 성경의 하나님을 동일시하는 어처구니없는 수법을 쓰고 있다.

이슬람교는 우상 종교다. 그들은 하루에 여섯 차례 엎드려 절을 한다. "우리 알라신이 너희 하나님과 같은 하나님이다"라고 하면서 이슬람교가 마호메드를 믿으라고 기독교를 공략하고 있다.

모든 종교에는 각기 다른 경전이 있다.

경전이 다르면 믿는 신도 다르다. 이슬람이 성경의 선지자의 이름 순서 아담, 노아, 아브라함, 모세, 예수 다음에 모하메드를 넣고 예수님이 하나님의 아들이 아니고 다만 선지자일뿐 이라며 최후의 선지자 마호메드의 가르침을 따라야 한다고 선전한다.

요즘 전 세계가 이슬람국가 이슬람주의 IS의 테러와 전쟁으로 수십만 명의 피난민으로 고통당하고 있다. 코란을 살펴보면 "알라의 말을 듣지 않으면 싸워라. 코란이냐? 칼이냐? 죽이라. 목을 쳐라. 손가락 발가락을 잘라라"한다.

코란은 원래 전쟁 교과서였다. 점령지에서 개종을 거부하면 무서운 형벌을 명령했다. 현장에서 "칼이냐, 코란이냐 선택하라"는 것이다.

코란에는 예수님이 골고다로 올라가다가 도망쳐 다른 사람으로 대신

해 죽였다고 한다(코란 4장). 아브라함이 이스마엘을 번제로 드렸다는 등 코란은 많은 부분에서 역사적 사실을 왜곡해 놓은 책이다. 코란은 "죽여라. 잘라라" 하지만 성경은 "원수를 용서하라"(마 18:22), "사랑하라"(마 5:44)라고 한다.

이것이 크리스천이 지켜야 하는 실천 사항이다. 그러니 크리스천은 무슬림과의 물리적 싸움에서 이길 수 없다. 사랑과 용서, 복음으로 이겨야 한다. 이슬람 국가에서는 소수의 크리스천이 죽임을 당하고 교회가 불타도 정부의 보호를 받지 못하지만 핍박 속에서도 그리스도인들은 늘어난다고 한다.

6

시카고 인권국에서 소환

시카고 오헤어 공항에는 택시 500대와 리무진 200대가 대기할 수 있는 장소가 있다. 택시는 보통 한두 시간 기다린 후 빠져나간다. 기다리는 동안 나는 "예수 천국 복음"을 외치고 전도지를 돌린다.

무슬림은 한쪽 넓은 공터에 30-40명 정도 모여서 주문을 외우고 엎드려 동쪽을 향해 절을 한다. 여기에는 꼭 지도자 한 사람이 앞에서 인도한다. 그곳에는 그들만의 겨울용 발 씻는 곳과 기도집이 있다. "모두 같이 쓰도록 만들었다"고 말하지만 카펫을 깔아 놓고 자기들 물건을 쌓아 놓았기에 다른 사람들은 들어가지 않는다. 여름에는 대부분 야외에서 기도한다.

그들 앞에서 조금 떨어진 곳에서 "Believe in Jesus, Jesus is the only way to Heaven"이라고 소리쳤다. 어느 날 시카고 인권국에서 전화가 와

"사무실로 오라"고 했다. 아마도 이슬람 단체에서 신고한 것 같았다. 인권국장이 공항에 직접 와서 내가 전도하는 모습을 보고 간 것이다.

그는 성경을 펴 보이며 자기도 교회에 다니는 사람이라고 했다. 그러면서 "그렇게 하면 안 된다"며 "하지 말라"고 했다. "이슬람 단체와 조금 떨어진 곳에서 지나가면서 한 것인데 무슨 상관이냐"고 했지만 "안 된다"고 했다. 자기가 직접 봤다면서 그 앞에서 하면 안 된다고 했다.

두 차례 더 만났지만 합의하지 못했다. 그래서 한국 식당에서 함께 식사하면서 대화도 했지만 실패했다. 시카고 한인 복지회 총무 사무실에서 인권국장과 무슬림 지도자 둘 그리고 한인 복지회 총무와 함께 만나서 대화를 하고 '한발 물러서자'고 생각해 합의서에 서명하고 끝냈다.

"성경에 비춰 볼 때 잘못된 그들 앞에 우상 숭배를 하지 말고 주 예수를 믿고 천국 가자고 말한 것이 뭐가 나쁘냐"고 했더니 "종교 간에 상호 존중해야 한다"는 것이다.

물론 좋은 말이다. 서로 존중하고 간섭하지 말라는 것이다. 이렇게 되면 잘못된 신앙을 바로 잡아 구원의 길을 전해야 하는데 상호존중하고 아무것이나 열심히 잘 믿으라고 내버려 두면 복음 전도는 하지 못한다.

기독교 안에서도 극단적 예정론자들은 전도할 필요가 없다고 한다. 그러나 예정 선택 구원도 전도를 통해 완성된다는 것을 알아야 한다. 하나님은 항상 사람을 통하여 일하시고 전도를 통하여 하나님의 뜻을 펼치시고 구원하신다.

인권단체에서는 "인권"이라는 말을 많이 한다. 그러나 무엇이 참 인권인지 알아야 한다. 인권 회복의 출발지는 예수님이요 교회다.

"진리를 알지니 진리가 너희를 자유케 하리라"(요 8:32)

이것이 참되고 새로운 인권이다.

"내가 곧 길이요 진리요 생명이라"(요 14:6)
"그리스도께서 우리로 자유케 하려고 자유를 주셨으니 그러므로 굳세게
서서 다시는 종의 멍에를 매지 말라"(갈 5:1)

예수를 통하여 자유를 얻고 하나님 자녀의 인권을 회복한다. 이것이
참된 인권 회복이다. 인권교육의 출발지가 교회며 인권의 주체자가 예
수 그리스도시다. 우리 교회가 영혼 구원을 위하여, 영원한 인권을 위하
여 지금까지 기도하며 사탄과 싸워왔다. 그런데 인권단체들이 동성 결
혼이라는 반성경적이고 반가족적이며 세속적인 인권 주의로 교회를 인
권 탄압의 단체로 규정하고 공격하고 있다. 참된 인권과 인간의 존엄성
을 성경에서 찾아야 한다. 인간의 참된 인권은 천국에 갈 수 있는 권리,
예수 그리스도를 믿는 것이다.

자유 세계에 살면서도 세속적 인권 주의자들은 창조주를 부정하고
'우주의 중심은 인간이며 내가 왕이며 내가 없으면 아무것도 존재하지
않는다'고 강조한다. 이것이 인본주의의 실체다. 창조주 하나님과 대적
하는 모든 이데올로기는 사탄이 만들어 낸다고 생각한다. 그래서 음란

행위를 성혁명이라 부르고 동성애 사인을 붙이고 남녀 구별 없이 화장실을 쓰고 성경과 교회를 공격한다.

　종교 다원주의는 예수 그리스도의 지상명령 전도를 타종교와의 충돌로 보고 타종교의 권위를 침해하는 것이라며 오직 예수 구원을 외치는 기독교 신앙(요 14:6)은 독선적이라고 비난한다. 그러면서 "선교사를 철수하라"고 한다. 이 세상의 싸움은 복음주의와 인본주의의 싸움이다. 사탄은 "선악과를 따먹어라. 먹으면 네가 하나님처럼 된다"고 인본주의로 유혹한다. 지금도 이런 식으로 속인다. 이것은 인권 회복이 아니라 인권 말살이다. 세상 비진리 단체들끼리는 모두 연합이 가능하지만 길이요 진리요 생명을 믿고 따르는 그리스도의 교회는 벨리알과 타협할 수 없다.

7

다운타운 오피스 빌딩 앞에서

더운 여름의 어느 날 택시 승강장에 차를 대고 기다리는데 점심시간이 되자 사람들이 여름을 만끽하려는 듯 밖으로 나와 식사를 했다. 그런데 갑자기 성령님께서 "나가서 전도하라"고 하셨다.

다운타운에서는 한 번도 해보지 않은 일이라 두렵고 떨렸다. 그러나 성령님께서 강하게 밀어붙이셨다. 할 수 없이 전도 조끼를 입고 피켓을 들고 나가 미친 듯이 외쳤다.

"I Believe in Jesus Christ. Christ died for us. Only One Way to Heaven.(나는 예수 그리스도를 믿는다. 그리스도는 우리를 위하여 죽으셨다. 오직 한길로만 천국에 갈 수 있다)"

한참을 외치는데 건물 도어맨이 밖으로 나와 "빌딩 앞에서 하지 말라"고 한다. "내가 서 있는 땅은 시(市) 공유지다"라고 했더니 "아니다. 대리석 깔아 놓은 땅은 회사 땅이다. 계속 여기서 소리를 치면 경찰을 부르겠다"며 "저쪽으로 가서 해라"고 했다.

마침, 예수님도 사거리로 가라는 말씀을 하셨다(마 22:9)는 성구가 생각났다. 그래서 길 코너에 가서 외치니 아무도 간섭하는 사람이 없었다. 이렇게 해서 내게 다운타운에서 외치는 전도문을 열어주셨다.

> "너는 마음을 강하게 하라 담대히 하라 오직 너는 마음을 강하게 하고 극히
> 담대히 하여 좌로나 우로나 치우치지 말라"(수 1:6-7)

외치는 전도는 물론이고 지나가는 사람들에게 전도지를 나눠주는 일도 쉽지 않다. 손에 들고 있다가 주려고 하면 피해서 지나가는 사람이 많고 "No thank you" 아니면 "I don't need it" 또는 "I am okay"라고 한다. 그래서 전도지 돌리는 것도 힘이 든다.

전도지를 손에 들고 사람에게 줄까 말까 망설이면 안 된다.

무조건 가까이 가서 인사하고 내밀어야 한다. 길을 지나가는 사람도 눈치가 빠르다. 얼굴이 상대방을 압도할 수 있을 만큼의 믿음 충만한 모습이어야 한다. 그래야 전도지를 받아준다. 때문에 전도를 나오기 전에는 부르짖어 기도해야 한다.

사람들이 전도지를 잘 받아 가면 하루에 1,000장을 돌려도 힘들지 않을 것이다. 그러나 현실은 그렇지 않다. 전도는 사탄과의 싸움이다. 왜냐면 대부분이 받지 않으려 하기 때문이다. 이것도 순간적인 영적 싸움이다. 그래서 오순절의 기도가 필요하다. 많은 사람들이 한두 번 전도하다가 그만두는 이유가 이렇게 거절당한 경험 때문이다. "시간 낭비다. 소용

없다"라고 포기하는 사람이 대부분이다. 거절당하는 것에 익숙해지고 숙달이 되고 담대해야 한다. 실망하거나 낙심할 일이 아니다. 받고 안 받고는 그 사람의 선택이며 주는 것은 우리의 책임과 의무이다. 전도지를 받은 사람 안 받은 사람 상관없이 우리가 주려고 시도한 숫자만큼 하나님은 전도자에게 하늘의 상급을 주신다고 믿는다.

예수님이 피 흘리시고 죽으시고 부활하심으로 이루어 놓으신 구원의 복음은 영원한 복음이다. 이 복음을 전파하다 죽으면 우리는 생명의 면류관을 받게 된다.

70인 전도단이 기쁨으로 돌아왔을 때(눅 10:21) 예수님께서 기뻐하시면서 하신 말씀이 있고 전도단이 돌아와서 주의 이름으로 명령하니 귀신이 항복하고 나갔다고 좋아했다. "그렇게 좋으냐?"하시며 "그보다 너희 이름이 하늘에 기록된 것에 기뻐하라" 하셨다. 전도자의 이름이 특별히 천국 광장에 기록된다는 말씀이다.

몇 년 전에 택시 면허증을 갱신하는 날, 시 직원이 컴퓨터로 내 기록을 찾아보더니 "담당자의 허락이 있어야 갱신해 줄 수 있다"고 했다. 한참을 기다리니 담당자가 와서 "손님들의 불평신고가 너무 많다"고 했다.

"무슨 불평이냐?"고 물으니 "종교적인 것이다. 차 안에서 너무 예수를 강요한다"고 말했다.

나는 웃으며 "예수 믿으면 천국 간다고 믿으라는 것이 뭐가 나쁜 것이냐?"고 했더니 담당자는 "차를 타고 편안하게 가려는 사람에게 스트레스 주는 것이다"라고 했다. 그럴 수도 있겠다는 생각이 들어 "앞으로 조심

하겠다"고 답했다.

젊은이는 아직 시간이 많다고 생각할 것이다. 하지만 아니다. 사람은 언제 무슨 일이 생길지 아무도 모른다. 그래서 성경은 오늘! 지금! 이 기회라고 말한다. "오늘 예수를 믿어라. 당신은 지금도 죽음을 향해 한 발 한 발 가고 있다"고 외치지만 90대 노인도 "Not Today"라며 웃으며 지나간다.

8

워터 타워(Water tower) 교회

하나님은 우리를 사랑하신다. 하나님이 우리를 지극히 사랑하시고 그래서 하나님은 독생자를 주셨고 세상 모든 사람들이 구원받기를 원하신다(요 3:16-17, 딤전 2:4).

그래서 하나님은 나를 시카고 다운타운 사거리로 보내 하나님을 떠난 자들, 하나님을 알지 못하는 세상 사람들에게 복음을 외치게 하셨다. 이렇게 해서 하나님은 나에게 적게는 10,000여 명 많이 모일 때는 20,000여 명이 모이는 사거리 대형교회를 담임하게 만들어 주셨다. 문 열어 놓고 사람들이 오기를 기다리는 교회가 아니라 사람들이 모이는 세상 도심으로 찾아가 신령과 진정으로 예배하는 사거리 전도교회를 만들게 하셨다.

교회의 사명은 전도다.

예수 그리스도의 복음이 전파되는 현장이 신령한 예배의 현장이기 때문에 나는 전도현장을 교회라 부른다. 이 일은 내가 하나님의 명령에 순종하여 공항 운전사들에게 외치기 시작한 지 일 년 만에 성령께서 다운타운 오피스 빌딩 앞에서 몇 번 외치게 하시더니 나를 워터 타워(Water tower)로 보내셨다.

인파가 가장 많은 시간을 찾아보니 토요일 오후 2시부터였다.

나는 그 시간에 가서 외치기 시작했다. 사거리 강단에서 두 시간을 외치면 10,000명 이상의 군중들에게 복음을 전파하는 대형교회가 된다.

사도행전의 초대교회도 바울이 유대 율법주의자들의 박해로 로마로 압송되어 가는 57년까지 오늘과 같은 교회당 예배는 없었다. 사도들은 예루살렘 성전의 솔로몬 행각을 드나들며 기도하는 것과 말씀 전하는 것에 전념하였다(행 6:4).

누군가는 "사거리에서 외치는 것이 무슨 교회냐?"라고 하겠지만 요한복음 수가성 여자도 "그리스도가 여기 와 계신다. 와보라(Come & See)"라는 말씀이 선포되면서 신령과 진정으로 예배를 드렸다. 이것이 수가성 교회의 참 예배다(요 4:29).

워터 타워는 미시간 애비뉴와 시카고 애비뉴가 만나는 북쪽에 돌로 지은 건물로 옛날 상수도 물 공급소다. 1871년 발생한 시카고 대화재 때 시카고 다운타운의 목조 건물은 모두 불탔고 석조 건물인 워터 타워만이 남아있다. 그 옆에 조그만 공원이 있어 사람들이 쉬어가곤 한다. 그 길 건너에 있는 Macys 쇼핑몰이 워터 타워 플레이스다. 여기는 수많은 인파가 몰려 쉽게 말하자면 미국 중서부의 명동이다.

수가동 여자도 우물에 물 길어 왔다가 생수 되시는 예수 그리스도를 만나고 동네로 달려가면서 "와보라 내가 그리스도를 만났습니다"라며 외쳤다. 워터 타워는 그 이름만으로도 전도하기 좋은 장소다.

"Jesus is The Living water, Come to Jesus!"

(예수는 생수다. 와서 생수를 마셔라!)

나는 전도 사인판을 목에 걸고 십자가 모자를 쓰고 미시간 애비뉴 워터 타워 앞으로 가면서 95층 존 핸콕 타워 앞에서부터 외치기 시작했다. 워터 타워 앞에 도착하기 전 신호등이 바뀌는 시간을 이용해서 외치면 단번에 200명 이상이 들을 수 있다.

처음에는 목이 쉬고 아프고 피가 났지만 계속하니까 단련이 되고 목구멍이 튼튼해지는 것 같았다. 워터 타워 쇼핑몰과 밀레니엄 파크는 워낙 유명해서 현지인뿐 아니라 관광객도 많이 찾는 시카고 명소다. 이런 곳에서 복음을 외칠 수 있다는 것이 신기하고 감사해서 "하나님 감사합니다"를 외치며 한 번이라도 더 외치려고 애를 쓴다.

처음 워터 타워 앞에서 전도를 시작할 때는 "God Loves You"라는 사인판을 목에 걸고서 "예수를 믿으라"고 외쳤다. 일 년 후에는 "Heaven or Hell"로 바꿔 손에 들고 외쳤다. 가끔 미국 교회 집사님들이 마이크 들고 전도하러 나오면 나는 조금 밑으로 내려가서 외친다. 우리는 서로 방해가 되지 않도록 협력한다.

오순절 날 초대교회의 성령을 받은 120명의 제자들이 성령이 말하게 하심을 따라(행 2:4) 길거리에 나가 13개국의 언어로 복음을 외쳤다. 이것이 어찌 사람이 할 수 있는 일인가 성령님은 방언을 말하게도 하시고 성경을 쓰게도 하셨다(딤후 3:16).

나는 십자가 모자에 천국과 지옥 피켓을 들고 워터 타워 쪽으로 간다.

전도를 나가기 전에는 심장이 두근거린다. 그러나 일단 준비하고 나가면 하나님께서 담대함을 주시기에 힘차게 길을 걷는다. 95층 존 핸콕 타워 앞에서 한참 외치고 다음 지역으로 가는데 백인 할머니가 따라와 "왜 이렇게 시끄럽게 소리쳐. 경찰을 부르겠다"고 했지만 나는 상관하지 않고 소리치며 간다. 반대자들의 말을 다 듣다간 아무것도 하지 못한다.

시카고 미시간 애비뉴에는 흑인 남자아이들이 몇 명씩 길가에 앉아서 흰색 플라스틱 양동이를 각자 한 개씩 엎어 놓고 막대기로 두드리며 묘기를 부리는 모습을 자주 본다. 지나가는 사람들로부터 돈을 얻기 위해서다. 양동이를 두드리는 소리가 엄청 시끄럽다. 경찰이 단속하면 아이들은 양동이를 들고 도망간다.

어떤 흑인 청년은 길가에 앉아서 클라리넷을 열심히 분다. 또 어떤 이는 색소폰을 분다. 모두 거리의 악사들이다. 마이크를 잡고 재즈를 부르는 흑인 여자도 있고, 북을 짊어지고서 발로 북을 치며 동시에 피리를 부는 멕시칸 할아버지도 있다. 지팡이를 잡고 서 있는 맹인 아저씨, 깡통 위에 서서 로버트 흉내를 내며 쇼를 하는 흑인 청년도 있다. 사람들은 이들을 쳐다보기도 하고 양동이에 돈을 넣기도 한다.

앰뷸런스 소리, 경찰차 소리, 소방차 달리는 소리, 행인들 떠드는 소리, 전화 통화 소리 등 온갖 소음 때문에 보통 소리로 외쳐서는 내 목소리가 들리지 않는다. 그래서 나는 있는 힘을 다해 큰소리로 외친다. 경찰은 간혹 "소리가 크다"며 "메가폰 소리를 낮추라"고 한다. 전도할 때 마이크 볼륨은 낮게 하지만 목소리는 높인다. 왜냐면 외치는 소리의 억양에 따라 듣는 느낌이 다르기 때문이다.

나의 외치는 소리에 어떤 청년이 "I am devil(나는 악마다)"라며 지나간다. 어떤 젊은 여자는 내 손바닥을 치면서 "Heaven"이라고 하고 어떤 백인 남자는 "Bless you"라며 내 손바닥을 친다. 어떤 신사는 "Keep up" 하면서 엄지손가락을 들어 올린다. 예수님을 믿으면 이렇게 서로 통한다. 나이든 백인 남자가 나를 보고 "안녕하세요. 감사합니다"라며 인사를 한다. 그리고 "평생 예수님을 믿고 삽니다. 부산에서 고등학교, 대학교에서 3년 동안 영어 선생을 했습니다. 한국말을 조금 합니다"라고 한다. 내가 한국 사람인 것을 금방 알아본다.

서울이 강북, 강남으로 나뉘는 것처럼 시카고 다운타운도 시카고 강을 중심으로 강북, 강남이라 부른다. 강북에는 쇼핑몰과 호텔이 많고 상점들이 줄지어 있다. 중심부에 제3 장로교회가 있는데 주말에는 결혼식을 하느라 분주하다.

전도하는 날이면 "하나님 차를 주차할 수 있게 자리를 주세요"라고 하면 금방 자리가 생긴다. 두 시간짜리 주차 영수증을 차 안에 올려놓고 서둘러 준비한 후 "주여, 성령의 능력을 주소서" 기도를 하고는 주님의 십자가 모자를 쓰고 전도복을 입고 피켓을 들고 급하게 나간다. 1분, 1초도 아깝다.

가면서 "주여 항상 나와 함께 하심을 감사드립니다"라고 기도하고 찬송을 부르고 "주여 성령의 충만을 주소서"라고 소리치며 존 핸콕 타워 앞을 지나며 첫마디를 외친다.

지하층 야외에 식탁을 내놓고 식사하는 사람들이 내려다보인다.

맛있게 먹고 있는 사람들을 향해 "예수를 믿어라. 예수님 안 믿으면 어디 가는 줄 아나? 불타는 지옥으로 간다. 내일 어디 갈거냐? 아이들 데리고 교회에 가라"고 외친다. 예전에 그 자리에서 오랫동안 외쳤더니 경비원이 올라온 적이 있어서 요즘은 잠깐 외치고 떠난다.

처음 길거리 전도를 시작하고 3년 동안은 육성으로 외쳤다.

그러다가 2012년부터 메가폰을 사서 어깨에 메고 다니며 외치기 시작했다. 이때부터 시끄럽다는 신고가 많다. 전파되는 것은 그리스도 예수니까 사탄이 발악하여 주민들을 쑤셔 경찰을 부르고 야단이다.

경찰이 와서는 "소리를 낮춰라"고 한다. 말을 듣지 않으니 티켓을 발부한다. 그러면 나는 법원에 간다. 그리고는 또 소리를 높여 외친다. 그럼 또 경찰이 오고 티켓을 끊고 법원에 간다. 나는 이 일을 계속한다.

전도지는 안 받으면 그만이지만 내 소리는 귀를 막아도 들린다. 어떤 이는 "예수를 믿으면 너나 조용히 믿지 왜 나와서 떠드냐"고 한다. 심지어 예수 믿는다는 사람도 이렇게 말한다. 지역 담당 경찰이 와서는 "이곳이 내 담당인데 불만 민원이 너무 많이 온다. 제발 두 구역만 내려가서 해달라"고 부탁한다. 그래서 두 구역을 내려가서 조금 하다가 다시 올라오곤 한다. 나는 오직 예수 오직 믿음으로 담대히 나간다. 나는 이렇게 사거리의 전도자로 바쁘게 살았다.

전도하다가 경찰이 다가와서 "메가폰 볼륨을 낮추라"고 하면 일단 "예스"라고 한다. 미국은 경찰에게 반항하면 티켓을 받거나 심하면 체포되어 경찰서로 간다. 미국 경찰은 항상 수갑을 갖고 다니며 영장없이 바로 체포할 수 있다.

노방 전도자는 정사와 권세, 공권력과 악한 영들과의 영적인 싸움이다(엡 6:12).

미국 헌법에 전도 활동이 보장되어 있지만 각 주 도시 경찰이 시법 위반이라며 티켓을 발부한다. 경찰은 소리가 너무 크다 등등 규제가 많다. 예수님도 유대 종교 지도자들의 고소로 로마제국의 총독 재판을 받고 십자가 사형을 받으셨다. 야고보, 베드로, 바울 역시 정사와 권세에 의해 순교했다. 스데반은 재판도 없이 전도현장에서 유대교 군중들이 돌로 죽였다.

크리스천은 죽어도 죽는 것이 아니고 천국으로 이민 갈 뿐이다.
구약시대에는 이사야, 스가랴 선지자도 왕권에 의해 순교를 당했다. 이처럼 전도자는 때로는 공권력과 충돌한다(히 11:36-38, 마 23:35).

우리는 믿음으로 싸워 이겨야 한다(계 2:1).

"내가 선한 싸움을 싸우고 믿음을 지켰으니 의의 면류관이 예비되었으므로"(딤후 4:7-8) 이겨야 한다.

미시간 애비뉴에서 외치면서 경찰에게 티켓을 여러 번 받고 협박을 받으면서도 계속했다. 예수님도 이 마을에서 핍박하면 저 마을로 옮기셨다. 그래서 나도 요즘 한곳에서 하는 것보다 자리를 옮겨 가면서 하는 것이 좋겠다고 생각되어 한 구역에서 5분씩 외치면서 내려갔다 올라오는 방식으로 했다.

This is a Blessed country.

Let's believe In Jesus Christ.

God bless you to heaven.

한 구역씩 이동하면서 외치기를 한 달 정도 했을 때 어떤 청년이 "시끄럽다"고 항의를 했다. "집이 어디냐?"고 물으니 가리키는데 바로 길가에 있었다. "알았다"며 돌려보냈다. 그런데 몇 주 후에 또 시끄럽다고 항의를 했다. 그 후 어느 날 갑자기 가위로 마이크 선을 자르고 도망갔다. 하나님께 기도했다. 집에 와서 끊어진 선을 잘 붙이니 다시 사용할 수가 있었다.

거리를 거니는 사람 중 50% 이상은 성경도 예수도 모르는 불쌍한 사람들이다. 그래서 천국과 지옥을 열심히 외친다. 예수 그리스도의 이름으로 천국 문을 열게 하소서. 전도자는 계속된 연단과 핍박을 통하여 그리스도의 좋은 군사로 다듬어진다(딤후 2:1-5). 매주 전도지를 들고 길거리로 나가는 전도자가 강단에서 살아 있는 설교를 할 수 있다.

오헤어 공항에서 택시 운전사들에게 복음을 전한 지 20년이 되었다.

그동안 욕도 많이 먹었지만 칭찬도 많이 들었다. 요즘은 무슬림 중에서도 나를 존경한다고 한다. 자기들이 싫어하는 종교지만 내가 열심히 외치고 전도지를 돌리는 열심 때문에 감동받은 것이다. 나는 항상 전도지를 갖고 다닌다. 왜냐면 나를 볼 때마다 전도지를 달라는 사람이 있기 때문이다.

이사야서에도 "네 목소리를 아끼지 말고 크게 외치라"고 했다. 목에서 피가 나는 때도 많았지만 지금까지 별 이상이 없었고 워터 타워 앞에서는 어떤 백인 신사가 "목소리가 참 좋다"고 했다. 목소리 보호에는 레몬이 좋다고 해서 날마다 레몬을 한 개씩 먹기도 했다. 전도자는 욕을 먹는 것도 축복이다.

어느 날 젊은 여자가 "Don't yelling(소리 지르지 말라)"며 내 마이크를 손으로 흔들고 지나갔다. 어떤 젊은 남녀가 지나가며 남자가 "Shut up(닥쳐)"라고 했다. 평소 같으면 별말을 하지 않는데 그날은 "어느 날 하나님이 당신 입을 닫게 하실 것이다"라고 말했다. 그러자 같이 가던 여자가 남자의 어깨를 툭 쳤고 남자가 돌아와서 "미안하다"며 사과했다.

이 세상에는 두 종류가 있다. 빛과 어둠, 찬성과 반대가 있다. 상대가 욕을 해도 첫째 못 들은 척한다, 둘째 Bless you 혹은 Love you라고 한다. 내가 욕을 먹으면 주님은 내게 복을 주신다. 그러니 욕먹는 것에 신경 쓸 필요가 없다. 나는 외치기 바쁘기 때문이다. 나는 언제나 힘을 다해, 될 수 있는 한 사랑의 목소리로 외친다. 지나가던 청년이 내게 와서 "어떻게 천국 갑니까? 뭐 있으면 하나 주세요"라고 한다. 주머니에 넣고 다니는 전도지를 주자 "고맙다"며 받아 간다.

어느 날 내 차에 탄 여자 손님에게 "어디서 오는 길이냐?"고 물으니 스위스라고 한다. "예수 믿지요?"라고 하니 "예스"라고 한다. "스위스에 크리스천이 많지요"라고 했더니 "네, 우리 동네는 한 집 빼고 모두 교회를 나옵니다"라며 "얼마 있지 않아 그 한 사람도 교회를 나오게 될 겁니다"라고 한다. "왜 그렇게 생각하냐?"고 물으니 "지금 교회가 기도하고 있기 때문"이라고 답했다. 순간 '이래서 스위스가 잘사는 나라구나'라고 생각했다.

KIA soul을 사서 택시로 꾸미고 일하는데 날씬한 젊은 남자 네 명과 여자 한 명이 탔다. 모두 착하게 보였다. "예수 믿느냐?"고 물으니 "네, 우린 모두 크리스천이에요"라고 한다. "어디서 왔냐?"고 하자 "덴마크에서 왔다"고 한다. 덴마크는 인구의 약 60%가 크리스천이라고 한다. 같은 신앙인들을 만나니 무척 기뻤다.

전도자는 큰 상(Great Award)을 받는다

"의를 위하여 박해를 받은 자는 복이 있나니 천국이 그들의 것임이니라 나로 말미암아 너희를 욕하고 박해하고 거짓으로 너희를 거슬러 모든 악한 말을 할 때에는 너희에게 복이 있나니 기뻐하고 즐거워하라 하늘에서 너희의 상이 큼이라"(마 5:10-12)

전도자가 전도하다가 핍박과 욕을 먹는 것은 주님의 의를 위해 받는 고난이다. 그래서 주님의 나라 하늘 왕국 광장에서 주님이 전도자에게 대상을 주신다. 천국에 들어가는 것만으로도 감사한데 천국 광장에서 천사들의 나팔로 팡파르가 울려 퍼지며 주님이 이름을 부르고 큰 상을 주신다면 이 얼마나 기쁘고 즐거우랴. 우리 모두 상 받도록 열심히 핍박 속에서도 전도해야 한다. 불쌍한 영혼들을 위하여 기도하고 전도해야 한다. "복음을 땅끝까지 전파하라"는 주님의 명령이 떨어졌는데 "바쁘다. 시간 없다. 어디 가야 한다. 약속있다" 등은 핑계일 뿐이다.

전도자의 마음 자세

"너희가 다 마음을 같이하여 체휼하며 형제를 사랑하며 불쌍히 여기며 악을 악으로 욕을 욕으로 갚지 말고 도리어 복을 빌라"(벧전 3:8-11)

주여 감사합니다.

복음을 전하다가 욕을 먹으니 감사합니다.

주여 사랑합니다.

주님의 십자가의 복음으로 당신을 사랑합니다.

주여 받아주소서.

내 생명 끝날 때 주여 내 영혼을 받아주소서.

베드로와 요한은 관원과 서기관들에게 붙잡혀 대제사장 앞에 끌려가서 "무슨 권세로 누구 이름으로 이런 일을 하느냐?" 심문받을 때 "우리는 예수의 이름으로 한다"고 당당히 말했다. 예수의 이름을 전하지 말라고 위협하고 풀어 주니 "너희 말을 듣는 것과 하나님의 말씀을 듣는 것 어느 것이 옳은가 생각해 보라"(행 4:19, 5:29) 했다. 그 후에도 복음을 전하지 말라고 협박도 하고 감옥에 가두었지만 하나님이 감옥에서 끌어내 주시니 더 담대히 전도했다.

박해는 전도를 멈추게 하기보다 전도를 더 멀리 확장 시키는 일을 했다(행 14:5-7). 사람의 말에 순종하면 전도를 못 한다. 경찰에게 수없이 경고받고 지나가던 사람도 시끄럽다고 한다. 누구 말을 들어야 하나. 세상의 소리보다 주님의 말씀에 순종해야 한다.

교회당에서 설교하시는 목사님들 중에는 대접과 칭찬과 명예를 받을 수 있지만 길거리에서 외치는 복음 전도자는 사방에서 핍박과 조롱을 받는다. 그래서 전도자가 큰 상을 받는다. 사도바울도 전도하면서 멸시, 천대, 구경거리가 되고 비천한 자가 되고 욕을 먹고 핍박받고 쓰레기 취급을 당했다고 했다(고전 4:10-13).

"생각컨대 현재의 고난은 장차 우리에게 나타날 영광과 족히 비교할 수 없도다"(롬 8:18)

바울이 천국의 영광을 친히 보고 와서 전도자가 받게 될 영광을 말씀하신 것이다.

복음 전도자는 사방으로 우겨쌈 (고후 4:8-9)

사도바울은 두 번 순교하셨다.

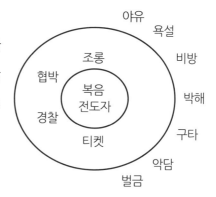

사도바울은 매를 39대씩 5번 맞고 몽둥이로 3번 맞고 돌로 1번 맞고 배가 파선 당해서 죽을 고비를 3번 당했고 동족들의 위협을 수없이 당했다(고후 11:23-27).

첫 번째 순교는 안디옥과 이고니온에서 온 유대인들이 사람들을 부추겨 바울을 돌로 쳐서 죽였다. 그리고 사람들은 죽은 바울을 성 밖으로 끌어냈다(행 14:19). 이때 사실 바울은 죽었다. 이 사건을 바울은 고린도후서에서 14년 전에 죽어서 바울의 영혼은 셋째 하늘 즉 낙원에 이끌려 가서 말할 수 없는 말을 들었다는 것이다(고후 12:2-4). 성경학자들이 이때가 돌에 맞아 죽었던 때라고 본다.

두 번째 순교는 네로 황제 때 기독교인들을 잡아 처형할 때 사도바울도 붙잡혀서 옥살이하다가 사형 판결을 받고 로마의 어느 산자락에서 칼로 목 베임을 받고 67년경에 순교했다고 전해진다. 사도 요한 외 열한 사도가 다 순교했다.

존 웨슬러 목사님도 강단에서 설교 도중에 세 번 돌에 맞아 쓰러지고 길거리에서 복음을 전하다가 60번 구타를 당했다는 기록이 있다. 어느 시대 어느 나라든 길거리 전도자는 욕을 먹고 핍박을 받지만 그래도 미국은 안전하고 좋은 나라다. 그리고 사람들이 많은 사거리에서 하는 것이 더 안전하다. 왜냐면 보는 사람이 많기 때문에 반대자가 함부로 해하지 못하기 때문이다.

세상 사람들은 "소리 공해"라고 "시끄럽다"라고 말한다. 그렇지만 전도의 필요성을 아는 크리스천은 내게 엄지손가락으로, 눈빛으로 신호를 보내고 다가와서 칭찬을 한다. 이것이 믿음의 차이점이다.

어떤 목사님은 "길거리 전도는 시대에 맞지 않는 전도 방법"이라고 말했다. 그래서 "시대에 맞지 않는 성경은 왜 끼고 다니세요?"라고 했다.

성경이 길거리, 사거리로 나가서 외치고 전도하라고 했고 교회의 부흥을 갈망하는 자들이 사도행전 오순절로 돌아가자, 초대교회로 돌아가자, 성경으로 돌아가자고 했다.

이 말이 무슨 뜻인가? 사도행전에는 사도들이 길거리로 나가 외쳤다. 주님께서 사거리 길과 산울타리 가로 나가서 전도하라고 말씀하셨다(마 22:9, 눅 14:23). 성경은 그리스도인의 영원한 교과서다.

"듣지도 못한 이를 어찌 믿으리요 전파하는 자가 없이 어찌 들으리요"(롬 10:14)

하나님께서는 모든 사람에게 구원의 기회를 주시려고 나가 외치라고 복음을 주셨다. 구석구석 어디든지 특히 사람이 많이 몰리는 도시 사거리는 최고의 전도 장소다. 전 세계 인종들이 대도시로 몰린다. 중국인, 인도인이 시카고에 와서 복음을 처음 듣게 된다. 마지막 심판 때에 "하나님 저는 한 번도 듣지 못했습니다. 억울합니다"라고 말하는 사람이 없도록 땅끝까지 복음을 전하라 하셨다.

오래전에 주청사 건물 앞에서 남녀를 태웠는데 남자는 유니온 역에 내려주고 여자는 더 간다고 했다. 남자가 내리면서 "Good bye(잘 가)"라고 하자 그때부터 여자가 엉엉 울기 시작했다. "왜 우냐?"고 물었더니 지금 막 법원에서 이혼하고 나왔다는 것이다. 그런데 남자는 무엇이 좋은지 아무 미련 없이 훌쩍 가버리니 여자가 울기 시작한 것이다.

운전을 하며 여자 얼굴을 돌아보았다. 나이는 35세쯤, 보통 인물에 약간 뚱뚱해 보였다. 아마도 남자가 먼저 이혼을 하자고 한 것 같았다. 그 남자는 왜 이 여자를 이렇게 울게 만들었을까? 결혼할 때는 좋아서 기쁠 때나 슬플 때나 건강할 때나 병들었을 때나 끝까지 사랑하기로 약속했을 텐데 이제와서 못 살겠다, 헤어지자니…. 누가 이 여자의 눈물을 멈추게 할 수 있을까?

수가성 여자도 주님을 만나서 기쁨과 행복을 찾았다.
도착 후 "여기가 네 집이냐?"고 물으니 "큰 오빠 집"이라고 한다. "오늘부터 예수님 믿고 예수님을 너의 남편으로 삼아라. 교회 나가라"고 부탁하니 "네"라고 대답한다. 전도지를 종류대로 하나씩 주면서 "울지마라. 주 예수님이 너를 사랑하신다"라고 말하고 보냈다. 예수를 믿으면 혼자서도 행복하게 살 수 있다.

전도하다 보면 지나가던 사람이 "닥쳐라. 재수없다"라고 말할 때도 많다. 사람들은 교회도 안 가고 주말에 술 마시고 떠들지만 지옥 소리를 하면 "지옥이 어딨어. 거짓말이야. 여기가 지옥이야"라고 하는 사람도 있다. 고달프고 불안하고 스트레스 충만한 가운데 사는 것이 세상이다. 어떤 이는 지옥 소리를 들으면 더 불안하고 무서워서 욕을 한다. 누워서 잠을 자려 하는데 낮에 들은 나의 전도 소리가 생각난다면 전도는 성공이다.

요즘 미국의 기독교는 동성결혼 때문에 골치가 아프다.

자유주의 연합, 인본주의 협회, 반종교 운동단체, 니므롯 담무스의 바벨론 종교, 일루미나티 사탄 숭배단체 등 별 단체가 다 있다. 그리고 이들은 혐오범죄, 차별금지법 위반 등으로 크리스천을, 교회를 고소하기도 한다. 이는 말세 사탄의 전략이다.

오늘도 미시간 애비뉴 다리를 건너 내려갔다 올라오면서 외치는데 중년 백인 여자가 가운뎃손가락을 올려서 내 코앞에서 흔든다. 미국에서 흔히 보는 욕이지만 여자가 전도자에게 이 정도로 예의가 없다니…. 전도하면서 받는 욕은 감사함으로 받을 만큼 많이 숙달됐다.

"사도들은 그 이름을 위하여 능욕 받는 일에 합당한 자로 여기심을 기뻐하면서 공회 앞을 떠나니라"(행 5:41)

어떤 사람은 나를 미련한 자로 생각하지만 진짜 크리스천은 전도하는 나를 부러워한다.

전도는 사람들이 받아들이지 않고 싫어한다고 중단하는 것이 아니다.

전도는 싫어하는 사람들이 많으면 더 기도하고 더 전도하라는 말이다.

전도는 특히 사거리에서 외치는 전도는 미친 자만 할 수 있다.

전도는 욕하고 핍박한다고 손가락질한다고 멈추는 것이 아니다.

전도는 경찰이 못하게 티켓을 발부한다고 포기하는 것도 아니다.

전도는 천국에서 주님이 그만하고 오라 부르실 때까지 하는 것이다.

나의 전도는 아무 때나 아무 곳에서나 외치는 것이 아니고 최소 100명 이상이 들을 수 있는 곳에서 외친다.

성경에 형제를 향하여 "미련한 놈"이라 하는 자는 화가 있다고 했다(마 5:22). 복음 전하는 자를 미련한 놈이라 욕하면 안 된다.

어떤 백인 여자가 워터 타워 앞에서 외치는 전도하는 내 모습을 한참 보고 있다가 옆에 와서 "I am a Christian, You are the best street preacher."(나는 크리스천입니다. 당신은 최고의 길거리 설교자입니다)라고 한다. 그러면서 내 손을 잡고 흔들었다.

또 한 번은 유니온 역 거리에서 외치는데 마이크 바로 옆에 있던 여자가 깜짝 놀라며 "Are you crazy?(당신 미쳤어)"하고 소리치길래 "Yes, I am.(네, 나는 미쳤어요)"라고 대답했더니 쳐다보며 웃었다.

언젠가는 교통사고가 크게 났었다.

2011년 1월의 첫 금요일 오후, 어둠이 시작되는 시각에 교차로 20m 전방에서 좌회전하려고 차선을 바꾸는데 갑자기 "꽝" 소리가 났다. 차를 세우고 나가보니 청년이 땅바닥에 누워있다. 충격 때문인지 점퍼가 위로 올라가서 얼굴을 덮었다. 차는 우측 펜더 범퍼 앞 유리가 깨졌다. 넘어져 있는 사람을 일으키려 하자 택시 손님이 "손대지 말고 그냥 두라"며 어딘가로 전화를 한다. 조금 있으니 경찰과 앰뷸런스가 왔다. 환자는 병원으로 실려가고 여자 경찰이 사고 원인을 조사한 후 티켓을 발부했다.

다음 날은 토요일이라 전도하는 날인데 걱정이 됐다. 차는 정비소에 맡겨두고 전도하러 나갔다. 머릿속은 온통 그 생각뿐이었다. 내 차 보험은 35만 불 책임 보험이기에 그 이상 청구하면 골치 아프다. 아내는 더 걱정이 많은 것 같았다. "하나님이 다 해결하신다. 나가서 외치자. 외치면서 모든 걱정을 날려 보내자"라고 생각하며 전도를 나갔다.

두 시간을 외치고 돌아오는데 기분이 좋았다.

다음날 환자가 실려 간 병원을 찾았다. 환자는 침대에 비스듬히 누워서 식사를 하고 있었다. 내가 어제 사고를 낸 택시 운전사라고 소개하고 "어디를 다쳤냐?"고 물으니 "다리에 금이 갔고 가슴이 아프다"고 한다. '내 차가 그렇게 깨졌으니 몸이 많이 아프겠다' 싶어 "기도하자" 하고 주님께 청년을 잘 치료해주시기를 기도했다. 그 후 어떻게 차에 치게 되었는지 물으니 "길 건너편의 햄버거 가게에 가려고 길을 건너는데 대형차에 가려서 택시가 오는 것을 못 본 것 같다"고 했다. 시카고에서는 인사사고가 나면 무조건 운전사 잘못이다.

저녁에 집에 돌아오니 아내가 또 걱정하며 "여보, 기도 좀 해 봐요"라고 한다. "하나님이 잘 해결해 주실 거니까 걱정말아요"라고 답했다. 그래도 아내는 걱정이 태산이었다. 아내의 걱정을 덜어주기 위해 일단 방에 달린 옷장에 들어가 무릎을 꿇고 "하나님 아버지 다 아시지 않으십니까? 이 사건은 걱정이 많이 됩니다. 이 사건을 잘 해결하여 주시옵소서"라고 기도했다.

기도한 지 얼마 되지 않아 잠깐 정신이 없는 상태에서 느닷없이 무슨 말씀이 강하고 빠르게 방언 나오듯이 나오는데 두 번 반복되고 세 번 반복되는 것 같았다.

"이상하다. 이 말씀은 내가 외우는 말씀이 아닌데…."

이것이 하나님이 주시는 응답의 말씀임을 깨닫고는 "감사합니다. 감사합니다. 아멘"하고 기도를 끝냈다.

옷장에서 나와 방금 전에 들은 성구를 찾기 위해 성경을 펼쳤다. 그리고는 "세상에서 너희가 환란을 당하나 담대하라 내가 세상을 이기었노라"(요 16:33)를 찾았다. 내게 걱정하지 말라는 약속을 주신 것이다. 성경 속에 응답이 있는데 알지 못하고 믿지 못하니 하나님은 꼭 찍어서 입에 넣어주시는 친절을 베푸셨다. 성경 구절을 사인펜으로 크게 써서 TV 앞에 붙여 놓고 걱정 없이 살았다. 그리고 1년 6개월 만에 변호사로부터 29만 불로 합의하고 보험처리 됐다고 통보가 왔다.

성경은 "말씀을 네 마음 판에(on the tablet of your heart) 새기라"(잠 3:3) 한다.

성경을 공부해서 머리로만 알고 끝나면 늙어 치매가 왔을 때 모든 기록은 사라지고 헛소리만 하게 된다. 믿음은 마음으로 믿어야 한다. 마음에 새긴 예수는 없어지지 않고 천국까지 간다.

미국의 로널드 레이건 대통령이 퇴임 후 치매에 걸렸을 때 방문객들이 찾아가 "대통령"이라 부르면 "누가 대통령을 했느냐?"며 과거에 대통령 했던 일을 기억하지 못했다고 한다. 그러나 주님을 부르는, 기도하는 신앙은 남아있었다고 한다.

백인 중년 부인이 어린 딸을 데리고 내 차를 타고는 싱글벙글 웃으며 "택시 제대로 잘 탔네"라고 했다. 내 차 안에 붙어 있는 "JESUS SAVES"라는 전도 사인과 십자가 모자를 본 것 같았다.

"예수 믿으세요?"라고 했더니 "네. 남편이 목회자예요"라고 했다.

"반갑습니다. 어디에서 오셨어요?"

"루이지애나에서 왔습니다."

"그곳에는 크리스천이 많지요?"

"네, 우리는 오순절교회입니다."

목적지에 도착한 후 돈을 내려고 하길래 "목사님 가족은 돈을 안 받습니다. 그냥 내리세요"라고 했더니 "감사합니다. 사진 한 장 찍어도 되겠습니까?"라며 사진을 찍고는 "주님의 축복을 받으세요"라고 했다.

한 번은 할아버지가 지팡이에 의지해 겨우 서 있는데 택시를 찾는 것 같았다. 가다가 후진해서 할아버지 가까이 댔더니 힘들게 올라타셨다. 그런데 타자마자 전도 사인을 보고 "Jesus"라며 무척 좋아하셨다. 자기를 "은퇴한 감독"이라고 소개했다. 알고 보니 그릭 오토닥스 성 니콜라이교회에서 30년을 섬기고 70세에 은퇴하셔서 지금 75세라고 하신다.

그러면서 자기는 결혼을 하지 않은 수도사라고 했다. 목적지에 도착했는데 요금이 많이 나왔다. 카드로 결제하시겠다는 할아버지께 "목회자는 요금을 받지 않습니다. 그냥 내리세요"라고 했더니 "고맙다"며 무척 기뻐하셨다.

미국에서도 "예수"를 외치면 듣기 싫다는 표현으로 손가락으로 귀를 막는 사람이 가끔 있다. 성경에 스데반을 돌로 칠 때 그들이 귀를 막았다고 했다. 이것은 사탄의 방법이다. 사탄이 귀를 막으라고 지시한다. 왜냐면 자꾸 들으면 믿게 되기 때문이다. '믿음은 들음에서 난다'는 성경 말씀을 사탄이 잘 알고 있기 때문이다. 그래서 나는 외친다. 한 번, 두 번, 세 번 계속 들으면 교회에 가고 예수 믿고 천국 가기 때문이다. 그래서 나는 더 크게 외친다. 하나님의 말씀은 살아있고 운동력이 있는 양날의 검이다. 심령과 골수를 쪼개는 힘이 있다는 것을 사탄은 목사 장로보다 더 잘 안다. 그래서 못 듣게 귀를 막으라고 하는 것이다.

2015년 가을 한국 사람으로는 처음으로 베들레헴교회에서 열두 명이 전도지를 들고 다운타운으로 전도를 나왔다. 어느 여집사님은 전도지 100장을 돌렸다고 했다. 너무 반가워서 전도를 마치고 피자집에 모시고 갔다. 마태복음 5장 10-12절 말씀으로 격려하고 "중단없이 열심히 함께 전도하자"고 부탁했다.

나도 전도하기 싫을 때가 있다.

이럴 때는 "예수님 전도하고 싶어요. 예수님 사랑해요" 소리를 계속 반복한다. 그러면 정말 전도가 하고 싶어진다.

요즘 들어 다시 "소리가 너무 크다"라는 불만 신고가 많다며 경찰이 왔다. 볼륨을 낮춰서 하는데도 시끄럽다고 불평이다. 그러면 마이크 없이 하는 수밖에 없는데 마이크 없이는 복음이 전파되는 범위가 좁아진다. 그래서 지난주부터는 핍박이 거세서 전도 장소를 강남으로 옮겨 메가폰을 매고 밀레니엄 파크 앞에서 외쳤다. 여름이라 워터 타워만큼이나 사람이 많았다. 여기서도 공원 순찰 경관이 "여기서 하지 말고 길 건너가서 하라"고 했다. 그래서 그렇게 외쳤다.

바울과 바나바도 이고니온에서 전도할 때 이방인과 유대인 그리고 관원들까지 합세하여 바울과 바나바를 돌로 치려고 할 때 두 사람은 도망하여 루스드라로 가서 복음을 전했다(행 14:6). 나도 반대자가 생기고 핍박이 시작되면 다른 곳으로 자리를 옮기라는 하나님의 뜻으로 생각했다. 복음 전할 곳은 어디든지 많다. 교회 목회도 마찬가지라고 생각한다. 교인들이 목사를 배척하면 다른 곳으로 떠나 개척하면 된다.

9

정직한 전도

정직한 전도란 정확한 복음을 전하는 것이다. 예수 그리스도의 복음을 바로 알고 복음을 똑바로 전하자는 것이다.

"천사가 이르되 무서워 말라 보라 내가 온 백성에게 미칠 큰 기쁨의 좋은 소식을 너희에게 전하노라"(눅 2:10)

오직 예수 그리스도만이 구원의 길이다(요 14:6, 행 4:12).

예수님만이 길이요 진리요 생명이다.

"다른 이로서는 구원을 얻을 수 없나니 천하 사람 중에 구원을 받을 만한 다른 이름을 우리에게 주신 일이 없음이라 하였더라"(행 4:12)

오직 예수 그리스도만이 구원의 길이요 천국 가는 통로다. 예수는 메시아, 구세주요 대속자이시다.

예루살렘의 오순절 성령강림 후 베드로의 설교와 함께 예루살렘 전도 부흥이 일어나서 교회가 세워지고 핍박과 야고보의 순교와 베드로의 투옥과 탈출, 바울의 회심과 전도로 이방인들에게 복음이 전파되면서 유대파 그리스도인들이 이방인들이 예수를 믿어도 할례를 받아야 한다. 모세 율법도 지켜야 한다(행 15:1-5)고 주장했다.

그 후 예루살렘교회 회의가 주후 50년경에 열렸다.

사도와 장로들이 모이자 베드로가 일어서서 "아니다. 우리가 구원을 얻는 것은 오직 예수의 은혜로 받는 것이다. 우리도 지키지 못하는 힘든 율법의 멍에를 이방인들에게 지우면 안 된다"라고 했다. 이에 바나바와 바울도 "맞습니다. 할례가 왜 필요합니까?"라며 반대하고 나섰다. 끝으로 야고보는 아모스 9장 11-12절 말씀으로 설교하고 이방인을 괴롭게 하지 말고 우상의 제물과 음행과 피와 목매어 죽인 것을 먹지 말게 하자는 것으로 결론이 났다(행 15:20). 복음의 능력을 알고 확신하는 것이 필요했다.

갈라디아서에 보면 안디옥에서 게바(베드로)가 이방인과 함께 먹다가 그가 바울을 두려워하여 먹다가 피했다는 대목이 나온다(갈 2:12). 무엇을 먹었는지는 모르나 신명기 14장에 금하는 맛있는 돼지고기를 먹었던 것으로 보인다. 유대교는 소나 양고기는 먹을 수 있으나 돼지고기, 오징어, 낙지는 금하는 것들이다. 그날 바울이 베드로를 "위선적이다"고 크게 책망했다.

사도 베드로가 그때까지도 음식에 대하여 율법으로부터 자유롭지 못했다는 말이다. 지금 그리스도인들도 좌우를 분간하지 못하는 것 같다. 율법의 모든 것을 다 이루신 십자가의 복음을 믿어야 한다.

그리고 몇가지 기억할 것이 있다.

1. 그리스도 안에서 율법과 제사와 종교는 끝났다.

"그리스도는 모든 믿는 자에게 의를 이루기 위하여 율법의 마침이 되시니라"(롬 10:4)

"그리스도께서 우리를 자유롭게 하시려고 자유를 주셨으니 그러므로 굳세게 서서 다시는 종의 멍에를 매지 말자"(갈 5:1)

바울이 전한 복음이 진리의 복음이다. 다른 복음은 없다. 다른 이로서는 구원을 받을 수 없다. 다른 모든 종교는 구원이 없다. 오직 예수다. 바울은 이 복음은 내가 예수 그리스도로부터 직접 계시받은 복음이라고 주장한다(갈 1:11-12).

2. 하나님께 감사함으로 음식을 먹어라.

바울은 모든 음식에 대하여 자유롭게 먹었던 것이다. 쉽게 말하면 돼지도 낙지도 오징어도 감사함으로 먹어야 한다.

"하나님이 지으신 모든 것이 선하매 감사함으로 받으면 버릴 것이 없나니 하나님의 말씀과 기도로 거룩하여 짐이니라"(딤전 4:4-5)

그런데 우리는 여기서 음식과 음식이 아닌 것을 구별해야 한다.

"너희가 어찌하여 양식 아닌 것을 위하여 은을 달아주며 배부르게 못 할 것을 위하여 수고하느냐 내게 듣고 들을지어다 그리하면 너희가 좋은 것을 먹을 것이며 너희 자신들이 기름진 것으로 즐거움을 얻으리라"(사 55:2)

담배는 배부르게 못 할 것이고 마약도 음식이 아니다.

"술 취하지 말라 이는 방탕한 것이니 오직 성령으로 충만함을 받으라"(엡

술이 죄가 아니고 방탕이 죄다.

3. 십자가와 부활의 복음을 전하자(요 20:18).

베들레헴에서 출생하시고 나사렛에서 사시고 천국 복음을 전파하시고 주후 30년경 로마 총독 빌라도의 재판을 받고 십자가에 처형당하신 역사적인 예수 그리스도 그는 아브라함의 후손들이 기다리던 인류 구원의 메시아였다.

막달라 마리아와 야고보의 어머니 마리아와 살로메 여자들이 새벽에 주님의 무덤을 찾아가 빈 무덤을 발견했고 제일 먼저 부활의 주님을 만나고 부활의 복음을 제자들에게 전했다(막 16:1). 당시 십자가와 부활의 주님을 본 자는 500명이다(고전 15:4-8). 보지 않고 믿는 것이 더 중요하고 더 복 되기 때문에 자신을 더 많은 사람들에게 보여주지 않으셨다.

4. 은혜의 복음을 전하자(행 20:24, 엡 2:8).

100% 은혜의 복음을 전해야 한다. 구원은 완전한 하나님의 선물이다. 구원은 100% 은혜의 선물이다. 100%에 1%의 내 공로 내 선행이 포함되면 구원을 받지 못한다. 우리의 구원은 오직 순수한 100% 은혜의 선물과 100%의 행함이 있는 믿음이다. 구원은 오직 믿는 자가 받고 감사하는 자가 천국에 간다.

예배나 선행이나 십일조 헌금이나 어떤 봉사로 구원을 받는 것처럼 인도하면 따라가지 말아야 한다. 우리는 복음을 따라가야 한다. 세상은 돈으로 통하지만 천국은 오직 예수 그리스도의 십자가로 복음만 통한다. 오직 예수 복음주의 신앙이다. 천국에 들어가는 값은 어느 누구도 그 값을 낼 수 없으니 독생자 예수님이 대신 목숨을 바쳐 지불하셨다. 받은 구원의 선물을 감사하고 날마다 백번 천번 감사해야 한다.

여자 손님이 탔다.

"예수 믿습니까?"라고 묻자 손님은 "종교에 관심이 없습니다"라고 한다. 그래서 "나도 종교에는 관심이 없습니다"라고 했다.

예수님도 종교인들을 싫어했다. 그래서 종교인들이 예수를 십자가에서 죽였다. 그런데 예수는 십자가에 죽으면서 우리의 구원을 "다 이루었다(It is finished)"고 말씀했다. 인간의 모든 종교 행위를 끝냈다는 말이다.

택시 손님에게 "예수를 믿습니까?"라고 질문하면 "종교에 관심이 없다"고 대답하는 사람이 많다.

오늘날 교회 일부 지도자들이 예수 복음을 다시 예수 종교로 만들어 놓았다. 이것은 오늘날 교회가 잘못 보여준 결과다. 예수는 우리에게 십자가의 복음을 주셨다. 누구든지 예수를 나의 구주로 믿기만 하면 천국 간다. 우리에겐 더 이상 종교 행위가 필요 없다.

나는 다시 손님에게 말했다.

"나는 종교인이 아닙니다. 오직 예수님의 십자가만 믿고 감사합니다. 나는 「예수님 사랑합니다」 이 말만 합니다. 이것이 성경의 중요한 진리입니다. 나처럼 믿어 보세요"라며 택시에서 내릴 때 전도지를 주며 "이것이 복음입니다. 받으세요"라고 하자 손님이 받아 갔다.

예수는 종교가 아니다. 오늘 저녁에 죽을 중환자도 지금 예수님을 믿으면 천국에 간다.

5. 회개의 복음을 전하자.

"회개하라 천국이 가까웠느니라"(막 1:15)

"너희에게 이르노니 아니라 너희도 만일 회개치 아니하면 다 이와 같이 망하리라"(눅 13:3)

자신이 죄인임을 깨달아 알고 하나님께로 돌이키는 회개를 하고 죄로부터 돌아서야 한다. 예수님을 믿으면 우리의 모든 죄가 용서된다. 이 복음을 받아들일 때 죄가 청산되고 변화된다. 예수를 믿는다며 교회도 나가고 성경도 읽지만 만약 당신이 지금도 스스로 짓고 있는 죄가 있다면 그 죄를 자백해야 한다.

6. 천국과 지옥을 분명히 전하자.

당신에게 기회를 주신다. 오직 당신의 선택에 달려있다. 천국이냐? 지옥이냐?(마 10:28) 정직한 전도란 지옥과 천국을 분명히 말하는 것이다. 전도하면서 "예수 믿으면 천국 갑니다"라고 말하지만 "예수를 믿지 않으면 지옥에 간다"는 말은 잘하지 않는다. 그러니 천국에 못 가면 천국 안 가는 것으로 적당히 끝나는 줄로 착각하게 만든다.

설교도 복음이 없는 설교를 하는 교회도 많다. 내가 천국, 지옥을 외치면 "공포 조성한다"고 핍박한다. 그러면 예수님이 천국과 지옥을 말씀하신 것도 공포 조성하신 것인가? 정직한 전도는 지옥이냐 천국이냐라는 흑백 논리다. 인생이 유죄냐 무죄냐 둘 중 하나인 것처럼 말이다.

7. 긴급 구원도 있다.

"누구든지 주의 이름을 부르는 자는 구원을 얻으리라"(행 2:21)

이는 오순절 베드로의 설교다(행 2:21). 그리고 바울의 복음이다(롬 10:13).

예수님이 십자가에 달리시던 날 좌우에 두 강도가 달려 있었다.

한 강도는 예수님을 비방, 조롱했고 다른 강도는 그 강도를 꾸짖고 자기 죄를 고백하고 예수님은 죄없이 죽으심을 증거하며 "예수여 당신의 나라에 임하실 때 나를 기억하소서"라며 자기 영혼을 주님께 부탁했다. 그때 주님은 "오늘 네가 나와 함께 낙원에 있으리라"(눅 23:44)고 약속하셨다. 강도는 많은 사람들이 지켜보는 가운데 짧은 시간에 회개하고 믿고 구원받았다. 그래서 주의 이름을 부르는 자는 구원을 얻는다는 말이다.

8. 다른 복음을 전하면 저주를 받는다(갈 1:6-9).

바울이 말하는 다른 복음은 십자가의 은혜가 아닌 율법의 행위로 구원을 받는다는 유대주의자들의 가르침을 경고한 것이다. 지금도 이단 교회들이 많다. 이단들은 우리보다 더 강한 믿음으로 이단을 믿고 전파한다. 아주 잘못된 것이다. 바울은 한두 번 훈계하고 듣지 않으면 멀리하라고 하셨다(딛 3:10).

예수님이 없는 교회 강단도 있다. 영혼 구원을 위한 복음 설교는 하지 않고 건강하게 잘 사는 비결, 부자 되는 법, 행복한 가정생활 강의 등 도덕적인 설교만을 하는 것도 잘못된 것이다. 종교 다원주의, 천국과 지옥을 말하지 않는 것도 이단일 수 있다.

정치에 관심이 많고 성경도 예수도 아니고 타 종교와 공통분모를 찾아서 모든 종교는 똑같은 하나님을 섬긴다는 곳도 있다. 동성결혼, 타 종교인과 결혼도 하고 함께 친교하고 마시고 떠든다. 통 큰 설교자 같지만 넓은 길이요 사망의 길이다. 이런 곳에 가면 독사에 물린다. 인본주의, 물질주의, 알루미나티, 뉴 에이지, 프리 메이슨 적그리스도 단체들이다. 종교 다원주의 WCC모임에 참석한 목사들에게 "사도행전 4장 12절을 성경에서 삭제하라"고 소리친다는 말도 있다. 간판에 교회라고 쓰여 있어도 참된 교회가 아닌 곳이 많다.

사탄은 교회에서 원망, 불평하는 사람들을 이단으로 끌어간다. 우리는 오직 예수그리스도의 십자가 복음만 믿고 감사해야 한다(고후 11:4). 사도바울의 복음을 알면 이단에 빠지지 않는다. 바울이 전한 복음은 십자가 복음이다.

9. 말세 복음을 잘 전하자(계 13:13-16).
말세 복음은 대환란 직전의 짐승의 표 666 복음이다.
짐승의 숫자 666에 대하여 전혀 말하지 않는 '무관교회'가 있다.
칩을 받아도 구원을 받는다 말하는 '멸망교회'가 있다.
베리칩이 666인지 좀 더 두고 보자는 '관망교회'가 있다.
베리칩을 절대로 받지 말라 강조하는 '휴거 교회'가 있다.
모두 당신의 선택이다. 계시록은 길이요 진리요 생명이신 예수님의 예언서다. 우리 크리스천의 몸에는 하나님의 표가 있으며 하나님이 관리 영으로 감시하신다(계 7:2, 9:4).
아담과 하와의 죄는 단순히 선악과를 따 먹은 것만이 아니다. 뱀의 유혹을 받아 하나님같이 되겠다는 야욕과 반역이 마음 중심에 자리 잡은 것이 바로 죄다(창 3:5).

"아침의 아들 계명성이 내가 지극히 높은 자와 비기리라. 하늘 보좌에 오르리라"(사 14:12-14, 유 1:6) 하고 하나님께 반역했던 범죄한 천사도 지옥에 떨어졌다.

하와는 스스로 범죄한 것이 아니라 뱀에게 속았고 뱀은 하와에게 "용용 죽겠지"라며 놀리고 도망쳤다. 하와는 그때야 하나님이 선하시고 뱀이 악한 사탄이라는 것을 알았다.

현대인들 중에도 사탄의 유혹을 받아서 하나님처럼 되려고 하는 사람들이 많다. 독재자처럼 "하나님이 어디 있어, 내가 하나님이다, 나를 믿어라…" 이런 식으로 교만이 꽉 차서 지옥도 두려워하지 않는다. 예수를 믿지 않는 사람의 마음은 대부분 창조주를 부정하고 하나님은 없다며 반항한다.

이것이 큰 죄다. 여호와 하나님은 사람의 중심을 보신다(삼상 16:7). 하나님은 그 사람의 마음속을 다 아신다. 다 좋은데 단순히 예수를 안 믿어서 지옥을 가게 된다. 그들은 마음에 하나님을 부정하고 그리스도를 거부하고 "내가 잘 났다"는 교만으로 살았기 때문이다.

"하나님은 사랑이시다"고 하니 "맞다. 하나님은 사랑이시니까 아무도 지옥에 보내시지 않을거야"라고 착각하고 "적당히 좋은 일 하면 천국에 간다"고 믿는다. 또는 "예수쟁이보다 착하게 산다"며 자신을 믿는 자도 많다. 똑같은 부류이다.

요즘 세상은 인본주의, 과학주의, 자유주의, 반성경주의로 무장한 변

종의 진보주의자들과 동성결혼 옹호자들이 길거리에 늘어나고 있다. 이들 대부분은 성경도 하나님도 예수도 모르고 육체적 쾌락을 추구하고 불안한 삶에서 오는 스트레스를 술로 푸는 사람들이다. 그러면서 스스로 잘났다고 떠든다. 그래서 우리는 담대하게 복음을 외치고 똑바로 말해 줘야 한다.

"예수 믿지 않으면 너희들의 마지막 장소는 불타는 지옥이다!"

예수님도 서기관과 바리새인들, 유대 종교인들을 향해 "회칠한 무덤들아 뱀들아 독사의 새끼들아"(마 23:27, 33)라고 욕을 하셨다. 전도는 영적 싸움이다. 오직 예수만 전하면 전도는 성공이다. 우리는 항상 온유와 겸손을 유지하며 담대히 전도해야 한다.

어느 해 4월 햇살 좋은 점심시간, UBS 건물 앞에 택시를 대놓고 밖에 나와 서 있는데 백인 청년이 성경책을 손에 들고서 인사를 한다. '내가 십자가 모자를 쓰고 있어서 다가온 것이구나'라고 생각하며 "전도 나온 겁니까?"라고 물었더니 그렇다고 한다.

"어디서 왔습니까?"

"위튼에서 왔습니다."

"신학생이세요?"

"아니요. 고등학생입니다."

전도를 나왔으면 말씀을 외치라고 했더니 몸을 비틀며 못하겠다고 한다. 그래서 그의 성경책을 높이 들고 시범 삼아 복음을 외쳤다. 그러고 나서 청년에게 한번 해보라고 하니 작은 목소리로 외쳤다. 그래도 잘한

다고 칭찬하며 계속하라고 했다

전도는 듣기 싫은 소리도 해야 한다. 성경은 교훈과 책망과 바르게함을 위한 책이다(딤후 3:16).

"너는 말씀을 전파하라 하시면서 경책하며(correct), 경계하며(rebuke), 권하라(encourage)"고 했으니 꾸짖고 바로 잡아주라는 것이다.

사람들은 "회개하라"고 하면 싫어한다.

그래도 강단에서, 길거리에서 외쳐야 한다(마 4:17, 막 1:15).

"음란, 사기, 도적질, 악한 불신행위를 회개하라. 술 취하지 말라"(엡 18, 고전 6:10)

성령 충만을 사모하라고 강단에서 외쳐야 한다.

술, 마약, 도박에 취해 사는 사람도 많다. 우리는 오순절의 성령에 취해 살아야 한다. 담배도 마리화나도 피우지 말아야 한다고 생각한다. 우리의 몸은 하나님의 성전이다(고전 3:16). 하나님께서 태초에 생기를 불어넣어주셨던 콧구멍을 연기로 채우는 것은 위반이며 건강에 해롭다. 콧구멍은 숨 쉬고 냄새 맡는 기관이다.

동성애는 죄다(롬 1:26-28). '창조된 모양대로 남자는 여자와 여자는 남자와 결혼하고 살아라. 안되면 되게 노력하라. 병신으로 태어났어도 감사하며 살아라' 이는 모두 하나님의 거룩한 뜻이다.

여기서 중요한 것은 하나님께 감사하는 삶이다.

동성애자라면 죄를 회개하고 동성애 생활을 끝내야 한다. 잘못된 습관을 말씀과 신앙으로 고쳐야 한다.

늙고 치매가 오고 정신이 맑지 못하면 생각과 판단이 어렵다. 젊어서 예수 믿는 사람이 지혜로운 사람이다. 사람들은 "죽기 직전에 믿겠다"고 한다. 그런데 언제 죽는지 누가 아는가? 바보들이 하는 소리다.

인터넷에는 복음을 전하는 방송도 있지만 오락 채널이 너무 많아서 사람들의 관심이 다 거기로 간다. 예수는 관심도 없다. 그래서 우리가 밖으로 나가 직접 눈과 귀에 대고 전도해야 한다. 믿지 않는 자들에게 찾아 가려면 길거리로 나가는 것이 제일이다. 주일에 교회당 안에 있는 사람이 많은가, 길거리에 있는 사람이 많은가? 예배 후 밖으로 나가서 예수님이 길이요 진리요 생명이라고 전해야 한다.

어느 날 텍사스에서 왔다는 랜디라는 남자가 내 차를 탔다.
"I am going to Heaven."
아마도 차 안에 붙어 있는 Heaven or Hell이라는 글자를 본 것 같다.

잘 믿는 사람의 눈에는 이 글씨가 눈에 번쩍 들어온 다. 그는 "아들이 3개월 전에 교통사고로 죽었다"고 한다. "몇 살에 죽었냐?"고 물으니 "27살, 이미 세 살짜리 아들까지 있다"고 한다.

"내 아들은 이웃의 어려운 사람들 잘 도와주고 참으로 착하고 좋은 아들이었는데…."

그는 눈물을 흘리며 차 안에서 흘러나오는 찬송을 따라 부르는데 목소리가 참 좋았다. 그는 택시에서 내리면서도 "아들이 있는 곳으로 빨리 가고 싶다"고 했다. 얼마나 아들이 보고 싶으면 저럴까…. 이것이 부모의 사랑이다.

주님은 "롯의 처를 기억하라" 하셨다(눅 17:32). 많은 크리스천이 좁은 문은 들어섰지만 그 길을 계속 가지 못하고 중간에 넓은 길로 바꾼다. 사탄에게 잡히면 죽는 줄도 모르고 끌려가고 따라간다.

호기심이 무섭다. 호기심에 술집에 한 번 가고 두 번 가다 보면 세 번째는 죄의식이 없어지고 사탄의 노예가 되어 힘들고 불쌍하게 사탄의 종으로 살다가 지옥 불에 들어간다.

역전에서 할머니와 손녀로 보이는 여자아이 둘을 태우고 수족관으로 가고 있었다. 할머니에게 "어디서 오셨습니까?"라고 물으니 자기는 켄터키에서 왔고 두 아이는 글렌엘렌에 산다고 한다. 외할머니가 딸 집에 와서 외손녀들을 데리고 수족관에 가는 중이었다. 뒤를 돌아보며 아이들에게 "몇 살이야?"라고 했더니 큰아이는 손가락 다섯 개를 다 올리고 작은 아이는 손가락을 세 개만 올렸다. 그리고는 다섯 살짜리 아이가 명랑한 소리로 "할아버지는 천국에 있어요"라고 했다. 그러자 할머니가 "증조할아버지도 천국에 계신다"라며 "모두가 크리스천 가족이다"고 했다.

"할아버지는 죽었어요"라는 것보다 "할아버지는 천국에 있어요"라는 표현이 참으로 듣기에 좋았다. '어른들이 잘 믿고 잘 가르쳤구나. 손녀들이 할머니 따라서 천국에 갈 거다'라고 생각했다.

사도와 제자들을 보자. 부활하신 주님을 만난 뒤에도 전도하지 못했다.

승천하시고 난 뒤에도 전도했다는 기록이 없다. 120명의 숫자가 오순절에 성령을 받고 담대히 나가 전도를 할 수 있었다. 초대교회 120명이 모두 길거리로 나가서 "예수는 그리스도"라고 외쳤고 베드로의 예루살렘 사거리 설교는 3,000명을 전도할 수 있었다(행 2:41). 그 후 오랫동안 예수 믿는 신자들도 예루살렘 성전의 솔로몬 행각을 드나들며 기도하고 전도하며 유대교의 한 분파처럼 살았다. 그리스도 메시아가 이미 오셨는데도 여전히 유대 제사장들이 성전에서 양을 잡고 제사를 드렸다. 그리고 "율법이다, 제사다, 예배다" 하다가, 결국 주후 70년에 성전은 불타고 무너졌다.

오순절에 13개국에서 모인 3,000명 중에는 각기 자기들의 언어로 말씀을 듣고 고국으로 돌아가서 전도했다. 그래서 주변 국가와 민족에게 복음이 급속도로 전파되었던 것이다. 바울 당시에 온 세상에(롬 1:8) 천하 만민에(골 1:23) 복음이 전파되었다고 하고 있다(주후 62년경). 그래서 당대에 주님이 곧 오실거라 믿었다. 그러다 오시지 않으니 주의 강림하신다는 약속이 어디 있느냐(벤후 3:4)라는 불평이 나왔다. 지금도 아직 땅끝 전도가 남았다.

크리스천 교회 공동체는 주님의 소원 공동체다.

주님이 제자들에게 가르쳐 주신 것 두 가지는 전도와 기도다.

전도는 주님이 뜻하시고 전도단을 조직하시고 훈련시키셨다(눅 10장).

기도는 가르쳐 달라고 부탁해서 가르쳐 주신 것이다. 이는 우리가 잘 아는 주기도문이다. 영어 주기도문에 우리를 뜻하는 our가 4번, us가 4번 나온다. 즉 '우리'가 8번 나온다는 말이다.

기도는 이기적으로 자신을 위하여 자식을 위하여 내 사업을 위하여 기도만 하지 말고 더 나아가서 하나님 나라인 천국을 위하고 이웃을 위하여 하나님의 영광을 위하여 기도하라는 것이다. 하나님은 개인만을 위한 하나님이 아니고 우리 하나님 우리 아버지다. 교회도 내 교회가 아니고 세상의 모든 교회가 우리 교회다. 그리고 우리 주님의 교회다. 크리스천은 주님을 사랑하고 이웃을 사랑하는 주님의 소원 공동체다.

오래전 택시 운전을 시작한 초창기에 다른 택시가 횡단보도에서 빨간불에 지나가다가 내 차를 받은 적이 있다. 그때 나는 죽는 줄 알았다. 사고 후 내 차는 몇 바퀴를 돈 후 구석에 처박혔다. 그런데 허벅지만 시커멓게 멍들고 다른 곳은 다치지 않았다.

택시 운전을 하다보니 사고의 순간도 많았고 위험한 순간도 많았다. 지금까지 산 것이 하나님의 은혜다. 천 번 만 번 감사할 따름이다.

"세상일에 얽매여서 세상일만 하다가 주님 나를 부르시면 어떻게 만날까 멀리 방황하던 나 불쌍한 이 죄인…."

복음송을 부르며 눈물을 흘린 날도 많았다.

그러나 세상일은 모두 소용없다.

"한 날의 괴로움은 그날에 족하니라."

우리가 교회 가서 예배드리고 새벽 교회에 가서 기도한 후 버스를 타고 집에 가면서 옆자리에 앉은 사람에게 전도하면 좋겠다. 진정한 기도와 신령한 예배는 옆에 있는 사람에게 복음을 전하는 행함이 있는 믿음이다. 눈물의 기도로 나도 살고 이웃도 산다.

(1) 하갈이 아브라함의 집에서 쫓겨나서 광야에서 방성대곡하니 하나님은 하갈의 눈을 밝히시고 샘물을 보게 하시고 구원하셨다. 하나님은 올데갈데없는 나그네도 부르짖으면 돌보신다(창 21:16).

(2) 히스기야 왕이 병들어 죽게 되었을 때도 하나님께 심히 통곡하였더니 "내가 네 기도를 들었고 네 눈물을 보았노라 하시고 15년의 생명을 연장해 주셨다. 눈물의 기도에 응답하신다"(왕하 20:3).

(3) "너는 예루살렘 성읍 중에 순행하며 그 가운데서 행하는 가증한 일로 인하여 탄식하며 우는 자의 이마에 표하라."

하나님은 우는 자에게 은혜의 표를 새긴다. 이웃의 영혼을 위해 울며 기도하는 종들의 이마에 인친다(겔 9:4, 계 7:3).

(4) "여자여 어찌하여 울며 누구를 찾느냐?"

예수님이 마리아야 부르셨다(요 20:15). 주님을 사랑하고 울던 마리아는 부활의 주님을 제일 먼저 만났다.

(5) "눈물을 흘리며 씨를 뿌리는 자는 기쁨으로 거두리로다. 울며 씨를 뿌리러 나가는 자는 정녕 기쁨으로 그 단을 가지고 돌아오리라"(시 126:5-6).

당신의 눈물의 기도와 눈물의 전도가 100배의 열매를 맺는다.

동서남북 선교 기도

내 공부방에 세계지도를 붙여 놓고 외국에 나가 고생하시는 선교사들을 위해 기도할 때는 서서 동서남북으로 돌면서 기도한다. 서서하는 기도가 졸지도 않고 오랫동안 할 수 있기 때문이다.

"남쪽에 나가 있는 선교사들, 동쪽에 나가 있는 선교사들 모두 힘들고 위험하고 때로는 낙심된 자들에게 담대함과 성령의 충만을 주셔서 복음의 비밀을 담대히 말하게 하소서. 또한 미국 다음으로 세계 2위 선교 대국인 대한민국을 하나님이 축복해 주시고 교회들이 계속 선교할 수 있도록 교회의 부흥을 지켜 주소서."

"그러나 내게는 우리 주 예수 그리스도의 십자가 외에 결코 자랑할 것이 없으니"(갈 6:14) 십자가는 죄를 깨닫게 하는 능력과 죄를 회개하는 자에게 용서하는 능력이 있다.

옆의 십자가 모자들은 주님의 십자가를 사랑하여 일반 모자에 정성들여 페인트로 그린 전도용 모자다. 계절이나 날씨에 따라 바꿔 쓴다.

역 앞에 택시가 줄을 서 있는데 할아버지가 한참 뒤에 있는 내 차를 타시고는 "뒷유리에 붙어 있는 십자가를 보았다"고 말씀하신다. 할아버지도 십자가를 무척 좋아한다고 하셨다. 나는 십자가의 복음을 사랑한다.

어떤 현대식 교회 건물에는 십자가가 보이지 않는다. 멀리서 보면 교회가 아니라 공장이나 학교 같다.

"주님이 부활하셨는데 어두운 십자가는 치우자. 부활의 기쁨과 승리만을 누리자"라고 말한다.

주님이 세상에 오신 목적은 십자가를 지기 위해 오셨는데… 주님은 십자가를 지고 나를 따르라 하셨고 바울은 죽을 때까지 십자가만 외쳤는데… 십자가에는 회개의 능력, 구원의 능력이 있는데….

A, B, C 구원의 복음(Salvation of ABC)

1. Admit & Agree your sins(I am a siner) 요일 1:8-9
2. Believe in Jesus(Jesus died for us) 행 16:31
3. Confess & Cry out to others(I Love Jesus) 롬 10:9-10

나는 택시 운전을 하면서 CD로 런던 필 하모니 오케스트라 찬송 50곡을 듣는다. 내가 좋아서이기도 하지만 손님들에게 전도하기 위한 목적이다. 음악을 들어도 손님들은 말을 안 한다.

"이 노래 아는가? 예수를 믿는가? 사람이 육체의 숨이 끊어지는 순간 영혼은 떠나면서 영원으로 들어간다. 지옥도 영원하고 천국도 영원하지만 지옥은 형벌의 장소고 천국은 행복이 넘치는 곳이다. 예수 그리스도를 알아야 한다. 그래야 천국 간다"라고 이야기하면 택시에서 내릴 때 고맙다는 표정을 한다.

내가 좋아하는 구원의 복음 3R

Ruin by sin(롬 5:12, 3:23) 죄로 인한 타락

Redemption by the Savior(엡 1:7, 14, 요일 4:9-10) 예수님의 구원

Regeneration by the Spirit(엡 1:13, 요 3:5-8) 성령으로 거듭남이다.

어느 주말 저녁 늦게까지 일을 했다. 한 젊은 여자 손님이 술집에서 나와 내 차를 타고 집으로 향하는 것 같은데 뒷자리에 앉아서 훌쩍훌쩍 울었다.

"왜 우세요?"

"지금 찬송을 들으니 눈물이 납니다."

"당신 크리스찬이시군요? 그런데 왜 늦게까지 술집을 다닙니까?"

"다른 주에서 왔는데 친구들과 어울려 다니다 보니 교회를 한 달은 다니지 않았습니다."

"그러면 내일은 꼭 교회에 가세요."

"네, 그럴께요."

"잘 생각하셨습니다."

그녀와의 대화를 마친 후 전도지 한 장을 주려 뒤를 돌아봤더니 그 큰 눈이 눈물로 반짝거렸다. 서양 여자들은 잘 우는 것 같다고 생각했다.

성령 충만 받아야 복음 전도자가 된다(행 1:8).

(1) 성령님을 근심하게 하지 말라(엡 4:30).

내 영혼에 성령의 감동 인도하심이 있는데도 순종하지 않고 내 고집

대로 살면 성령님이 근심하신다. 그러다가 나중에는 성령이 떠나신다.

(2) 성령을 소멸치 말라(살전 5:19 고전 2:14).

성령의 불을 끄지 말라는 것이다. 기도의 불을 끄지 말라. 영혼의 기도나 전도의 불을 끄지 말라. 전도하라는 성령의 인도와 감화하심이 뜨겁게 내 속에 전도가라고 밀려오는데 무시하고 성령의 감동을 순종하지 않으면 신앙의 성장이나 영적인 축복을 기대하지 말라

(3) 성령의 바람을 마셔야 산다(행 2:1-4, 고전 12:13).

여호와 하나님이 아담의 코에 생기를 불어넣으시니 사람이 생령이 됐다(창 2:7). "범죄하는 그 영혼은 죽으리라"(겔 18:4) 말씀대로 아담의 영혼은 죽었다. 예수께서도 부활하신 후 제자들 앞에서 "숨을 내쉬면서 성령을 받으라" 하셨다(요 20:22). 창세기의 하나님과 똑같이 예수님도 하셨다. 우리는 성령을 마셔야 한다. 모든 그리스도인은 한 성령을 마셔야 산다(고전 12:13). 우리는 영적 산소 성령을 계속 마셔야 산다는 것이다.

(4) 전도는 성령의 말씀으로 한다(행 2:1-4).

오순절에 저희가 다 한 곳에 모였다. 하늘로부터 급하고 강한 바람 소리 같은 소리가 온 집에 가득하며 불의 혀같이 갈라지는 것이 저희에게 보여 각 사람 머리 위에 임하여 있더니 저희가 다 성령의 충만 함을 받고 성령의 말하게 하심을 따라 다른 방언으로 말하기를 시작했다(행 2:1-4). 다락방에 모였던 자들은 성령의 바람 소리를 듣고 성령의 불꽃을 보았다. 그들은 성령의 역사를 보고 들었다. 성령의 역사가 시청각적으로 나

타난 것이다. 오순절의 사건을 자세히 살펴보라. 성령이 전도하게 하셨다. 성령을 받아야 진정한 크리스천이 된다. 성령도 영적인 산소로 영과 혼과 관절과 골수를 찔러 쪼개는 능력이 있다(히 4:12).

(5) 성령의 음성을 들어 순종하라.

밤이나 낮이나 성령님은 우리를 찾고 부르신다.

"귀 있는 자는 성령이 교회들에게 하시는 말씀을 들으라"

아시아 일곱교회에 말씀하셨다. 성령이 교회들에게 하시는 말씀은 "복음을 전파하라"였다.

서머나교회는 환난과 핍박을 이기고 전도했다. 그래서 "죽도록 충성하라 생명의 면류관을 주리라" 하셨다. 빌라델비아교회는 참고 말씀을 지켰다고 열린 문을 주겠다고 하셨다. 두 교회는 핍박받으며 전도하고 말씀을 지켰다. 그래서 칭찬을 받았다. 성령의 음성을 듣는 교회를 찾아야 한다. 수가동 여자처럼 나가서 복음을 외쳐야 산 그리스도인이다.

전도하면서 크리스천을 만나면 이렇게 물어본다.

"Are you going to Heaven?"(당신은 천국에 가십니까?)

이 질문에 대한 대답에 따라 점수가 매겨진다.

"Yes I am. I Believe so."(네, 맞습니다. 그렇게 믿습니다.) – 100점

"I hope so."(네, 그렇게 되리라 믿습니다.) – 90점

"I try."(노력하고 있습니다.) – (복음이 더 필요한 사람) 40점

"I don't know."(잘 모르겠습니다.) – (복음이 필요한 사람) 10점

사도바울은 마게도냐로 전도갈 때 환상을 보고 성령의 음성을 듣고

마게도냐로 갈 수가 있었다(행 16:10). 우리도 성령의 환상을 보든지 음성을 듣든지 해야 한다.

어느 더운 여름날, 사거리에서 열심히 외치고 있는데 백인 남자가 옆에 와서 한참을 듣더니 인사를 하며 "참 좋은 전도를 한다"며 칭찬을 했다. "어디서 왔냐?"고 물으니 "캘리포니아에서 왔다"며 옆에 있는 아내를 소개했다. "목사입니까?"라고 물으니 "변호사"라고 했다. 믿음이 좋은 것처럼 보였다. "여기서 같이 전도하자"고 했더니 그는 변호사답게 예수를 믿으면 어떻게 천국에 갈 수 있는지를 조목조목 설명하며 열정적으로 외쳤다.

"예수님이 십자가 위에서 우리들의 모든 죗값을 지불 하셨기 때문에 우리가 예수님을 나의 구주로 영접하기만 하면 우리는 죄로부터 자유, 형벌로부터의 자유, 지옥으로부터의 자유를 얻는다. 하나님의 약속대로 영원한 생명 천국의 행복을 누릴 수가 있다. 예수님을 여러분의 주와 그리스도로 받아들이라."

3분 정도 설교를 했는데 참으로 훌륭한 복음 변호사였다.

어느 날 여자 손님을 태우고 역으로 가고 있었다. 찬송 Amazing grace를 영어로 부르고 갔는데 목적지에 도착해서 전도지를 주니 "이처럼 행복한 운전사는 처음 보았다"며 좋아했다.

택시 운전사의 삶은 고달프다. 장시간 차 안에 앉아 있어야 하는 고달픈 직업이다. 그러나 전도하려면 택시보다 더 좋은 직업이 없다.

워터 타워에서 전도하면서 만난 침례교 스티브 집사님은 토요일 밤 9

시에 다운 타운 식당과 술집 거리에서 전도하신다. 어두운 밤, 죄악의 밤, 술꾼들이 비틀거리는 밤에 길거리에 나가서 전도하신다.

한국에서는 무화과를 먹어보지 못했는데 미국에서는 무화과를 많이 먹는다. 맛이 있어서라기보다 예수님이 잡수셨던 것이기에 괜히 좋아져서 많이 먹는다. 식품점에 가면 그리스산 무화과가 많다. 곶감처럼 만들어 놓고 파는데 먹으면 잔잔한 씨가 씹히고 무척 달다.

한 번은 우슬초(출 12:22, 시 51:7, 요 19:29)에 관심이 가서 사전을 찾아 모양을 기억하고는 우슬초를 찾기 위해 보타닉가든으로 갔다. 처음 갔을 때는 찾지를 못했다. 두 번째 갔을 때는 비가 내렸는데 꽃과 잡풀들이 우거진 화단에서 우슬초를 찾았다. 우슬초는 이름 그대로 꽃과에 들지 않고 잡초에 속한다. 얼마나 기쁘던지 "너 여기 있었구나"라며 잎을 조금 따고 꽃을 따서 코에 갖다 대었는데 박하향이 나서 기분이 좋았다.

그 후에 다운타운 르네상스 호텔 앞 화단에서 우슬초를 발견하고 날마다 그곳에 가서 잎을 따서 향기를 맡았다. 우리 집 화단에 우슬초 씨를 심었지만 실패하고 모종을 사다 심었는데 노랑꽃도 있고 보라색 꽃도 피었다.

예수님이 십자가 위에서 운명 직전에 로마 군인이 우슬초 묶음으로 신포도주를 찍어서 예수님의 입에 갖다 대었다는 기록 때문에 우슬초를 찾아다녔다. 탕자가 돼지와 함께 먹었다는 쥐엄 열매는 내가 다니는 교회 마당에도 있다. 나무는 15m가 넘을 만큼 키가 크다. 열매는 아카시아 열매처럼 생겼지만 더 굵다. 팥알처럼 작고 새까만 열매가 얼마나 단단

한지 차돌 같다.

하루는 젊은 여자가 내 차에 앉았다가 "다른 차를 타겠다"며 문을 쾅 닫고 나갔다. 아마도 차 안의 십자가 모자, 전도 사인을 보고 놀라서 내린 것 같았다. 가끔 있는 일이다. 같은 십자가 사인 모자와 JESUS SAVES 글자를 봐도 어떤 사람에게는 생명의 냄새로 다가오지만 어떤 사람에게는 역겨운 사망의 냄새로 다가온다(고후 2:15-16).

어느 날 미드웨이 공항 터미널에 줄을 서서 손님을 기다리는데 셔틀버스가 지나가며 내 차 옆에서 빵빵 한다. 쳐다보니 흑인 운전사가 "형제여~" 하면서 웃으며 손을 흔들었다. "차 뒤에 붙인 전도 사인이 너무 좋다"는 것이다. 이 사람에게는 전도 사인이 생명의 향기로 다가온 것이다. 어떤 사람은 내 차 뒤의 전도 사인이 멋있다며 스마트폰으로 촬영하기도 한다.

"그때에 여호와를 경외하는 자들이 피차에 말하매 여호와께서 그것을 분명히 들으시고 여호와를 경외하는 자와 그 이름을 존중히 생각하는 자를 위하여 여호와 앞에 있는 기념 책에 기록하였느니라"(말 3:16, 요 3:16, 고전 3:16, 딤후 3:16)

하나님은 지구상에 사는 74억이 넘는 사람들이 하는 말을 동시에 다 듣고 보고 계신다. 하나님은 우리의 머리털 갯수까지도 다 세신 바 되었다고 하셨다(마 10:30).

　우리 부부는 주일 오후가 되면 쇼핑도 할 겸 우드필드몰 안에서 전도 가운을 입고 구경을 하며 돌아다닌다. 예수 자랑 전도를 한동안 같이 했다. 둘이 같이 걸으면 다른 사람들에게 방해가 될까 싶어 아내가 앞서고 나는 뒤를 따라간다. 나는 조용히 찬송을 부르기도 하고 성경 구절을 외우며 걷는다.

두 번째 나타난 천사

　지난해 여름 어느 날 경찰관이 "메가폰 볼륨을 줄여라. 그리고 아래로 내려가서 하라"고 했을 때 경찰관에게 "왜 전도를 못 하게 하냐?"고 항의하던 백인 신사분이 있었다. 그런데 오늘 경찰관이 또 "소리를 줄여라"고 말하는데 마침 그 신사가 또 나타나서 "왜 전도를 방해하냐?"고 항의했다. 그러자 경찰관은 "못하게 하는 것이 아니고 소리를 줄이라고 부탁하는 겁니다"라고 설명했다. 하나님이 천사를 보내서 나를 지켜 주시는 것 같았다. 나는 그 남자가 어디서 와서 어디로 갔는지 모른다.

　외국 크리스천 운전사들은 나를 대단한 믿음의 사람으로 보는 것 같다. 그래서 영주권 문제로 고민하는 운전사, 몸이 아파서 고생하는 운전사들이 여러 가지 개인 사정을 내게 털어놓고 기도를 부탁한다. 그러면 그 자리에서 같이 손잡고 영어로, 방언으로, 큰 소리로 기도해 주곤 한다. 얼마 뒤에 영주권이 해결되고 병이 낫고 가정문제가 해결되었다며 고맙다고 인사한다. 그러면 나는 "하나님이 당신을 사랑하십니다. 성경을 많이 읽으세요"라고 한다.

간단한 영어 설교 4R

1. Repent of your sins(눅 5:32)
2. Receive in JESUS(요 1:12)
3. Rejoice New life(고후 5:17)
4. Read The Bible(시 119:105)

어느 날 어머니와 딸처럼 보이는 손님이 탔다.

그들은 예전에 내 차를 탄 적이 있다며 그때 차 안에서 Amazing grace를 불러준 적이 있다고 했다. 기억이 났다. 내가 CD를 따라서 부르니까 잘 부른다며 자기 교회에 와서 한 번 불러 달라고 했었다. 나는 유명한 가수의 CD를 틀어놓고 따라부르니까 잘 부른다는 소리를 듣는다.

설교도 유명한 목사님의 설교를 모방해서 성공한 사람이 있고 남의 설교를 외워서 했는데 부흥된 교회도 있다. 우리가 예수님을 그대로 모방하면 훌륭한 목회자도 될 수 있다.

Now is the time. Believe in Jesus.

(예수 믿어라. 지옥 아니면 천국이다.)

이것이 길거리 전도의 핵심이다. 나의 외치는 소리에 예수님을 잘 믿는 자들에게는 도전과 소망을, 교회를 나가다가 쉬는 자들에게는 반성과 회개를, 타 종교인들에게는 "정말 예수를 믿어야 하나?"라는 마음을 갖게 한다. 이것이 내가 길거리에서 외치는 목적이다.

목사도 보기 싫고 싸우는 교회도 싫고 크리스천도 싫고 다 싫어서 교회에 다니다가 안 나가는 사람도 많다.

그래도 위축되지 말고 전도하고 외쳐야 한다. 오히려 교회도 졸업하고 안 나가는 사람들이 "요즘 교회들이 전도도 안 한다"고 말하기도 한다. 전도자가 성령이 충만한 목소리로 복음을 외치면 듣는 자가 두렵고 떨려 "지옥과 천국이 있다면 나는 어디로 가나?"라는 두려움을 느낀다. 때문에 외쳐야 한다.

요즘은 밀레니엄 파크 앞에서 다시 메가폰을 매고 큰소리로 외치다 마치려고 하는데 경찰이 "아이가 무섭다고 한다는 신고가 들어 왔다"고 한다. 예수 안 믿으면 지옥 간다고 했으니 무서웠던 모양이다.

10

유니온(UNION) 역전교회 시작

역전에 사람들이 붐비는 모습을 보고 2014년 가을부터 매주 수요일마다 유니온 역전에서 예수복음을 외치기 시작하고 신령과 진정으로 예배하는 역전 사거리교회를 시작했다. 오글비 역전과 유니온 역전을 번갈아가며 외쳤다. 여기도 한 시간에 10,000명 이상에게 복음을 전할 수 있는 대형교회다.

많은 사람들이 오피스 근무를 마치고 집으로 가기 위해 역전으로 바삐 걸어가는 오후 3시 30분부터 6까지는 사람들로 붐빈다. 수요일과 목요일에 시간을 바꿔가며 한 시간씩 외치는데 사람들이 바쁘게 지나가는 황금어장이다.

교회 목사님들은 왜 여기를 모를까? 예전에 어떤 청년이 두 번 와서는 마이크 잡고 외치고 사진 찍고 하더니 나타나지 않는다. 교회에서는 크리스마스, 부활절에만 나와서 전도하지 지속적으로 하지 않는다. 전도는 절기에 맞춰서 하는 특별행사가 아닌데….

유니온 역전에서 한 달 정도 했을 때 머리를 모질게 민 청년이 "마이크를 사용하면 되냐?"며 방해를 했다. 성경과 예수를 싫어하는 이단자 같았다. 그러자 한 백인 여자가 그 남자에게 "왜 그러냐? 너도 할 말 있으면 다른 장소에서 하면 되지 않냐?"고 충고했다.

남자는 그날 이후 계속 방해를 했다. 하루는 그 남자가 나를 방해하길래 경찰에게 이야기했더니 경찰이 나를 따라왔다. 그런데 남자는 도망가고 없었다.

어느 해인가 11월 중순의 초겨울에 눈발이 날렸다.

너무 추웠다. 요한복음 3장 16절 말씀으로 복음을 전하고 있었는데 양복에 코트까지 입은 백인 남자가 "부탁이 있다"고 했다. 속으로 "전도 방해하는 거 아냐"라고 생각했는데 아니었다. 그는 어제 자기 조카가 교통사고로 죽었는데 조카가 요한복음 3장 16절을 좋아하고 교회를 다녔다면서 "지금 한 설교를 다시 한번 해주면 스마폰으로 동영상을 만들어 형님에게 보여주고 싶다"고 했다.

나는 좀 전과 같은 목소리로 다시 한번 전도를 했다. 그는 내게 고맙다고 인사를 했다. 추위가 싹 달아났다. 속으로 "우와, 날씨 좋다"라며 열나게 외쳤다.

시끄럽다는 시민들의 민원이 많아지자 2015년 12월부터는 소형 스피커를 허리에 차고 외쳤다. 그리고 시청에서 거리의 악사 허가증을 만들어 주머니에 넣고 다녔다. 하지만 유니온 역전에서는 메가폰을 사용하는데 별문제가 없었다. 그해 겨울은 유난히 추웠다.

다시 봄이 되어 유니온 역전에서 외치는데 누군가 "닥쳐라"라며 물병을 집어 던져 물벼락을 맞았다. 마침 목이 타길래 물병에 물이 좀 남았나 싶어 봤더니 물이 하나도 없었다.

잠시 후 백인 여자가 와서는 남편 이름이 '덴'인데 그를 위해 기도 좀 해달라고 했다. 마이크를 잡고는 덴의 이름을 부르며 거리의 사람들이 다 듣도록 큰소리로 기도했다.

거리에서 전도지를 나눠주는 것도 쉬운 일이 아니다.

강력한 사탄과 싸워서 이겨야 한다. 사탄은 계속 "이제 그만해라. 됐다. 됐어. 그만큼 했으면 됐어. 집에 가라"고 속삭인다. 전도를 나가면 30분도 안 됐는데 그만하고 싶고 사탄이 "힘들지? 힘들지? 그만하고 집에 가라. 네가 전도한다고 예수 믿는 것 아니다"라며 사탄이 사방에서 노려보며 공격한다. 때문에 전도를 나갈 때는 '두 시간 동안 하겠다'라고 마음을 정하고 그 시간을 지킨다.

전도지를 나눠줄 때는 겸손한 자세도 좋지만 당당하게, 상대의 얼굴을 똑바로 보며 한마디라도 하면서 준다. 또한 전도지를 몇 장 주었나?를 계산하는 것보다 몇 사람에게 시도(dashing) 했느냐가 중요하다. 100번을 시도한 중에 20명만 받아 갔어도 100점이다.

전도지를 받아 간 사람 중에는 그대로 쓰레기통에 버리는 사람도 많다. 하나님은 누구에게 주려고 했는데 누가 받아 가고 누가 안 받아 갔는지 다 아신다. 전도지를 받건 안 받건 모두 상대방의 선택이다.

사람은 이 땅에서 90년이나 100년을 살아도 미완성인 삶이지만 그래도 열심히 복음을 전하며 최선을 다해야 한다. 우리 예수님은 33년만 사시고도 사명을 다하시고 올라가셨다. 우리도 사명을 다하면 올라간다.

"우리가 선을 행하되 낙심하지 말지니 포기하지 아니하면 때가 이르매 거두리라"(갈 6:9)

캘리포니아에 본부를 둔 'Bible Distribution Club'이라는 전도단이 3년째 시카고를 찾았다. 모두 20명이 넘는다. 그들은 피켓을 만들어 들고 전도지를 돌렸다.

이번 전도팀의 총 책임자 제이슨 씨에게 "비용은 어디서 지원하냐?"고 물으니 "모두 자비량이라 먹는 것도 직접 해서 먹고 잠도 민박을 한다"고 했다. 대부분 직장인으로 휴가를 내 전도팀에 합류해 헌신한다고…. 놀라운 헌신이다. 가족이 함께 온 사람도 많다고 했다. "이 중에 목사가 있냐?"고 물으니 모두 평신도라고 했다. 너무 감동되어 주머니에 있는 돈 100불을 주며 맥도날드에서 커피라도 한 잔씩 하라고 했더니 이 돈

으로 식품을 사서 식사를 만들어 먹는 것이 자기들의 방법이라고 하며 고마워했다.

사진은 2015년 8월에 찍은 것이다. 캘리포니아에서

온 그 전도팀의 청년들은 피켓을 잡고 서서 한 손으로는 전도지를 돌린다. 정말 아름다운 사람들이다.

이번 전도팀 중에 어려 보이는 여자아이가 있길래 "몇 살이냐?"고 물으니 14살이라고 한다. 신앙이 너무 예뻐서 아이에게 20불을 주었다. "학교는 안 다니냐?"고 물으니 "홈스쿨"이라고 옆에 있던 오빠가 대답했다. 자기는 엄마에게 배우고 동생은 자기가 가르친다며 "전도하면서 공부해도 학교 다니는 아이들보다 먼저 고등학교를 졸업한다"고 했다.

언젠가 두 아이를 데리고 차에 오른 어머니도 자신이 직접 아이들을 가르친다고 했다. 그녀는 교사 자격증이 있다며 아이들이 학교에서 나쁜 아이들과 어울리는 것보다는 크리스천으로 성장하도록 교육하는 것이 더 효과적이라고 했다. 맞는 말이라고 생각했다.

미국에는 C&E 크리스천이 많다.

한 번은 "저 장미꽃 위에 이슬" 찬송이 흘러나오자 손님이 따라 부른다. 그는 "할머니가 이 찬송을 좋아하신다며 89세인데 아직도 건강하셔서 주일마다 교회에 가신다"고 했다. "당신은?"이라고 묻자 자신은 크리스마스와 부활절에만 교회에 가는 C&E 크리스천이라고 한다. "그러지 말고 주말마다 할머니 모시고 부모님과 함께 교회에 가세요"라고 하자 "이번 주에는 꼭 가겠다"고 했다.

크리스천으로 키운 자식도 대학에 가 집을 떠나고 직장을 따라 큰 도시로 가면 교회에 다니기가 쉽지 않다. 젊은이들의 생활이라는 게 저녁에는 친구들과 어울리고 주말에는 파티, 늦잠일테니 C&E 크리스천이 될 수밖에 없을 것이라는 생각이 들어 안타까웠다.

시카고 다운타운 STATE 길에서 45년째 전도하는 흑인 목사 사무엘이 있다. 30살에 시작해서 지금 75세인 이 사람은 목회는 접어두고 일주일에 5일 동안, 오후 1시부터 해질 때까지 마이크를 잡고 설교한다. 보기에는 60대로 보이는데…. 전도를 하면 하나님이 건강도 주시는가 보다.

그의 전도지에는 술, 담배, 마약을 하지 말고 예수를 믿으라는 내용이 담겨 있었다. 그리고 지옥과 천국을 성경적으로 잘 설명하고 있었다. 정말 꼭 필요한 전도지라고 생각했다.

성경에는 먹어도 좋은 것이 있고 먹지 말아야 하는 것이 있다고 했다 (창 2:17, 사 55:2, 골 2:21). 담배, 마약은 나쁜 식물의 잎을 따서 말려서 만든 것인데 입으로 코로 들이마신다(고전 3:16). 이것들은 모두 사탄이 뿌린 가라지 독초 엉겅퀴라고 생각한다(창 3:18, 마 13:25).

미동의 집을 아는가?(왕하 23::7)
개역 성경으로는 미동의 집으로 번역되었고 개역 개정으로는 남창의 집으로 번역되었다. 미동의 집이라 하니 친구네 집같이 생각된다. 므낫세왕 때 만들어 놓은 남창들의 집이 성전의 뒷방이었다는 말이다. 이사야 선지자가 하나님 말씀을 외치다가 므낫세왕 때 순교 당했다. 이 남창들의 방을 요시야왕 때 헐어 버렸다. 구약성경에 보면 동성애자들을 "모두 죽이라"(레 20:13) "이스라엘 땅에서 추방하라"(왕상 15:12)고 하셨다.

동성애는 역사가 깊다.
창세기 19장에는 "소돔성 롯의 집에 들어온 두 천사를 끌어내라. 우리가 상관하겠다" 했다. 영어 성경에는 "그들과 성관계를 하겠다"라고 되어 있다. 천사들은 남자였다. 현대인의 성경에는 "우리가 강간하겠다"라고 되어 있다. 소돔성의 멸망의 원인은 동성애(sodomites)와 변태였다.

당시 소돔성에는 의인이 한 명도 없었다. 아브라함도 소돔성으로 들어간 롯의 신앙을 잘 알지 못하고 의인으로 생각했다. 베드로도 롯을 의인이자 경건한 자라 했으나(벧후 2:7) 그는 재물 때문에 죄악의 소돔성에서 스스로 탈출하지 못하는 사람이었다. 천사들이 끌어내 준 것은 육체의 구원으로 이 땅에서 한 번 더 기회를 준 것이다.

그의 가족은 아브라함의 기도로 소돔성에서 구출되었으나 롯의 처는 뒤를 돌아보다 소금 기둥이 되고 롯과 두 딸은 소알성에 들어갔으나 두려워서 성에 살지 못하고 산속으로 들어가 소돔성에서 보고 배운 변태의 영향으로 굴속에서 술 마시고 딸들과 성적 관계를 하고 모압과 암몬족을 만든 사람이다(창 19:30-38).

요즘은 나쁜 짓도 유행을 탄다.

지금 지구는 동성애 때문에 골치가 아프다. 바울은 로마서 1장 24부터 32절에서 동성애의 부당성을 말했다. 1970년까지는 동성애자들을 정신분열자로 취급했다. 그러나 지금은 바뀌었다. 성경은 문신도 금하고 있다(레 19:28). 젊은이들 사이에서는 문신이 유행이다. 문신하는데 상당한 비용이 드는 걸 보면 문신도 돈 자랑이라는 생각이 든다.

제2부

그날이 오면

0

분명히 그날이 온다

글을 쓰며 제목을 고심하고 있을 때 주님은 책 제목을 주셨고 제목으로 노래 가사를 쓰게 하셨다. 그래서 '소원'이라는 단어를 성경에서 찾아보았고 성경에서 보는 그날이 주님의 소원의 그날임을 알았다. 분명히 그날이 온다. 그리고 그날에 주님이 오신다. 우리는 주님이 약속하신 그날을 기다릴 뿐이다.

"너희 안에서 행하시는 이는 하나님이시니 자기의 기쁘신 뜻을 위하여 너희로 소원을 두고 행하게 하시나니"(빌 2:13)

주님의 소원을 위하여 나가 전도하라 하신다.

어느 날 성경을 많이 안다고 자랑하는 분에게 "주님의 소원이 무엇인지 아십니까?"라고 물었더니 대답을 못 했다. "시간을 일주일 드릴테니 생각해 보세요"라고 했다. 다음 주에 만나서 "주님의 소원을 알아냈냐?"

고 물으니 여전히 대답을 못했다. 태도를 보니 생각도 관심도 없었던 것 같다. 내가 설명을 했더니 "네. 맞습니다"라며 동감하셨다. 그러나 여전히 관심이 없는 것처럼 보였다. 사람들은 대부분 주님의 소원에 관심이 없다. 주님의 소원이 무엇인지 똑바로 알려야 한다. 이것이 내게 주신 사명이다. 이제 주님의 소원이 내 소원이다.

초대교회 신자들은 주님과 소원이 일치했다. 그리고 주님의 소원을 이루고자 열심히 전도했다. 자기의 소원과 주님의 소원이 일치하는 사람이 정말 주님을 사랑하는 사람이다. 부부가 함께 살면서 남편의 소원이 무엇인지 모르는 것처럼 우리는 "주님, 주님"하면서도 주님의 소원은 모른다. 모두가 자기 소원 성취에 몰두해 산다. '주님은 내 소원 이루어 주시는 분'으로만 생각하고 주여, 주여 한다.

왕이 되려다가 실패한 아도니아는 솔로몬왕의 모친 밧세바를 찾아가 "제게 한가지 소원이 있사오니 괄시치 마소서"(왕상 2:16)라고 하자 "그래 말해 보라" 답하자 "수넴 여자 아비삭을 내게 주어 아내를 삼게 하소서. 왕이 당신의 얼굴을 괄시치 않을 것입니다"라고 했다.
"그래 내가 부탁해 보겠다."
이 말을 들은 솔로몬왕이 노발하며 장군 브나야를 보내어 아도니아를 칼로 쳐 죽인다. 아도니아는 사탄이 주는 잘못된 육신의 소원을 구하다가 죽었다.

"죄의 소원은 네게 있으나 너는 죄를 다스릴지니라"(창 4:7)

가인은 잘못된 죄의 소원으로 죄를 다스리지 못하고 죄의 노예가 되어 동생 아벨을 죽였다. 우리는 하나님이 주시는 좋은 소원을 가져야 한다. 최상의 소원은 주님의 소원이 내 소원이 되는 것이다.

1

우리 구원을 확증하자

가^{라(GO)!}

He said to them, "Go into all the world and preach the good news to all creation.

"또 가라사대 너희는 온 천하에 다니며 만민에게 복음을 전파하라"(막 16:15)

누가 땅끝을 찾아 전도갈 것인가?

복음서는 예수님이 "너희는… 너희는…" 하시며 당시 제자들을 향해 하신 말씀이다. 너희는 바로 너희들 그러니까 우리를 말한다. 전도는 누구든지 해야 하는, 그리스도의 제자 된 우리 모두의 사명이다.

성경의 최초 순교자는 아벨이고 복음의 최초 순교자는 스테반 집사다. 수많은 평신도 크리스천들이 지금도 여기저기서 전도하고 있다.

"너희 몸을 하나님이 기뻐하시는 거룩한 산 제사(제물)로 드리라 이는 너희

가 드릴 영적 예배니라"(롬 12:1)

"오직 성령이 너희에게 임하시면 너희가 권능을 받고 예루살렘과 온유대와 사마리아와 땅끝까지 이르러 내 증인이 되리라"(행 1:8)

정말 성령 받고 주님을 믿는 참 그리스도인이 되셨다면 주님의 명령에 순종하여 전도자가 되어야 한다. 복음 전하는 자(Evangelist)는 목사(Pastor)보다 더 존귀한 직분이다(엡 4:11). 그러니 복음 전하는 자가 되게 해달라고 기도해야 한다. 이는 이 땅에서 최고의 직분이기 때문이다.

"예수 말씀하시기를 누가 오늘 일할까? 힘이 없어 못 한다고 핑계하지 말지라"라는 찬송가처럼 전도는 주님의 부드러운 명령이요, 사랑의 부탁이다. 우리는 순종하여 복음을 전해야 한다.

전도의 첫 번째 단어 "가라(GO)"는 세상으로 가라(Go into all the world) "평안의 복음이 준비한 것으로 신을 신고 가라"(엡 6:15)는 뜻이다. 주님이 가라 명령하시지만 우리는 순종 또는 불순종의 자유가 있다. 전도 나가는 것은 우리에게 결정권이 있다. 이것도 하나님이 우리 인간에게 주신 자유다. 선악과도 생명과실도 우리 앞에 있다. 천국과 지옥도 우리 앞에 있다. 선택은 우리가 하고 책임도 우리가 진다.

어떤 사람은 좋은 대학을 나와서 직장도 있는데 외국 단기선교를 갔다 오더니 기쁨으로 순종하여 예수 그리스도의 종이 되기를 결정하고 평생 선교사로 자원한 사람도 있다. 바울처럼 결혼도 포기하고 주님을 위해 살기로 결정한 사람도 많다.

전도는 첫 번째로 너희는 가라 했으니 복음의 신을 신고 순종하며 가면 된다. 발이 움직이는 데로 나가면 된다. 그런데 전도를 가려하면 발이 잘 움직이지 않을 때가 있다.

어떤 철학자는 "사람이 걷는 것은 다리가 움직이는 것이 아니라 마음이 움직이는 것이다. 그래서 마음이 급하면 다리가 빨리 움직인다"라고 말했다. 성경에도 "발은 마음이 움직이고 입은 성령이 말하게 하신다"(행 2:4)고 했다. 그래서 "아름답도다 좋은 소식을 전하는 자의 발이여"(사 52:7, 롬 10:15)라며 발을 칭찬하고 아름답다고 했다.

'아름답도다. 좋은 소식을 전하는 자의 입이여'라고 하지 않은 이유는 "성령의 말하게 하심을 따라 다른 방언으로 말하기를 시작하니라"(행 2:4)는 말씀처럼 입은 성령님이 주장과 말하게 하심에 따르게 되어 있기 때문이다.

입은 말하는 도구일 뿐이다. 입은 성령님이 주시는 대로 말을 할 뿐이다. 이것이 전도이다. 그러니 전도를 하려면 발의 역할만 잘하면 된다. 가라면 가고 서라면 서면 된다. 밖으로, 길거리로 나가라. 현장으로 가라 하면 발을 움직여 가면 몸도 가고 손도 가고 입도 간다.

무슨 말을 어떻게 할까는 조금도 염려하지 말라 하셨다.

"내가 네 입에 말을 주리라"고 하셨다. 성령은 빌립에게 길을 가라 하고 안내하여 에티오피아 내시를 만나게 하셨다(행 8:29). 성령이 "복된 소식 구원의 소식을 전하러 나가라, 시내로 나가라, 역전으로 가라, 동네 거리로 가라" 하신다. 결정하고 나가면 그 뒤는 하나님이 책임지신다.

"아브라함에게 너의 본토 친척 아비 집을 떠나 내가 네게 지시할 땅으로 가라"(창 12:1)

"Go"라고 하셨다. 정확하게 어디로 가라고 하지 않았다. 집을 떠나 앞으로 가라 그러면 가는 길을 내가 안내하리라. 아브라함이 순종하여 고향 집을 떠났던 것같이 전도도 마찬가지다. 아브라함은 순종의 모범을 보였다. 그래서 아브라함을 믿음의 조상이라 부른다.

모세는 "애굽의 바로에게 가라"는 명령에 "나는 입이 뻣뻣하고 혀가 둔합니다. 못 갑니다. 누가 사람의 입을 지었느냐. 내가 입을 만들었지 않았느냐. 이제 가라(Now Go)! 내가 네 입과 함께 있어서 할 말을 가르치리라"고 하셨지만 모세는 "그래도 저는 안됩니다. 다른 사람을 보내소서"라고 했을 때 하나님께서 진노하셨고(출 4:14) 모세를 억지로 끌어내 그의 형 아론과 함께 애굽으로 보냈다. 하나님은 지나친 겸손과 변명 하는 것을 싫어하신다. 가라 하시면 속히 가야 한다. 바울은 "모든 이론을 무너뜨리고 그리스도께 복종하라"(고후 10:5) 하셨다.

"말씀이 네게 가까워 네 입에 있으며 네 마음에 있다 하였으니 곧 우리가 전하는 믿음의 말씀이라"(롬 10:8)

방언 기도는 성령이 주시는 것으로 생각과는 관계없이 혀가 말하는 것이다.

"여호와께서 그 손을 내밀어 내 입에 대시며 내게 이르시되 보라 내가 내 말을 네 입에 두었노라"(렘 1:9)

오순절에 성령의 말하게 하심을 따라 다른 방언으로 말하기 시작했다(행 2:4)고 했다. 나는 전도를 나갈 때마다 늘 이것을 체험한다. 내가 머리로 생각해서 말할 때보다 아무 생각 없이 막 떠들 때가 있다. 이때 오히려 적절한 말이 나오고 반응이 더 좋다는 것을 경험한다. 내 입을 성령님께 맡겨 드리면 성령이 말씀하신다. 이것이 사도행전 2장의 오순절 방언이다. 하나님께서 내가 누구를 보내며 누가 우리를 위하여 갈꼬 그때 이사야가 가로되 "내가 여기 있나이다 나를 보내소서"(사 6:8) 하였다. 모세는 징집병으로 끌려갔지만 이사야는 자원병이었다.

이사야는 예루살렘 왕궁 앞에 가서도 회개의 소리를 외쳤다.

그 당시도 수많은 선지자가 있었으나 모두 짖지 못하는 벙어리개 같았다(사 56:10). 이사야보다 150년 전 엘리야 시대에 벧엘에 선지 학교가 있었다. 그러니 당시 수천 명의 졸업생이 있었다. 이사야는 가서 외치라는 하나님의 명령을 받고 날마다 예루살렘 왕궁 앞에 가서 "회개하라"고 외치다가 므낫세왕 치하에 끌려가 톱으로 몸통이 두 토막 나는 순교를 당했다(왕하 21:16, 히 11:37). 하나님은 그에게 최고의 순교로 가는 영광을 주셨다.

"회개하고 예수 믿어라. 예수 없이는 지옥이다"는 전도를 농담으로 들으면 안 된다. 미국 명언에 "어머니가 크리스천이면 그 자식은 걱정 없다"라는 말이 있다. 반대로 말하면 자식이 지옥 가면 어머니 책임이다.

주님은 12사도를 지명하여 세우시고 각처를 다니며 전도의 모범을 보이셨고 무리가 주님을 따랐을 때 그 가운데서 70명(영어 성경 72명) 전도단을 만드시고 둘씩 짝을 지어 전도를 보내셨다(눅 10장).

여기서 예수님이 전도에 얼마나 열심이었는지 알 수 있다.

현재 상황: 추수할 것은 많은데 일군이 부족하다. 지금도 엄청나게 부족하다.

주의 명령: 갈지어다 Go! 순종하여 72명의 제자가 갔다.

전도 보고: 기뻐하며 돌아왔다. 전도하면서 체험한 영적 기쁨이 있었다.

전도를 마치고 돌아온 제자들은 너무 기쁘고 신나서 주님께 자랑했다. 처음부터 능력있는 제자들이 아니었다. 그러나 주님의 명령에 순종하여 현장에 갔더니 전도현장에서 말씀의 능력이 나타나고 주의 이름으로 병든 자를 고치고 귀신도 내쫓았다. 성령을 체험하는 방법은 철야 금식기도하는 것보다 전도하는 것이다. 전도 나가서 복음을 전하는 것이 훨씬 더 빠르게 성령의 역사를 체험한다. 전도하고 기쁨이 충만해서 돌아와 자랑하는 제자들에게 주님은 "그렇게 좋으냐" 하시며 "그러나 너희의 이름이 하늘에 기록된 것으로 기뻐하라"(눅 10:20) 하셨다.

성경에는 구원받은 자는 어린양의 생명책에 이름이 기록된다고 하셨다(계 20:15, 21:27). 때문에 우리는 구원에 대한 확증이 있어야 한다.

지금 나는 어디로 가고 있는지 확실히 아는가?

내가 가는 길이 천국 길인가? 지옥 길인가?

나의 믿음은 확실히 천국에 갈 수 있는 믿음인가?

나는 지금 두려워하고 있는 것인가?

나는 지금 확실히 천국으로 가고 있는가?

좀 더 확실하게 알아보고 구원을 확증해야 한다.

"너희는 믿음 안에 있는가 너희 자신을 시험하고 너희 자신을 확증하라 예수 그리스도께서 너희 안에 계신 줄을 너희가 스스로 알지 못하느냐 그렇지 않으면 너희는 버림받은 자니라"(고후 13:5)

"믿는다는 것이 무엇인지?"

다음의 10가지를 보며 마음에 걸리는 문제가 있으면 확실히 해결해야 한다. 내 마음대로 적당히 믿고 내 마음대로 천국 가는 것 아니다.

(1) 하나님 아버지의 뜻(The Will of my Father)이 무엇일까?

"나더러 주여 주여 하는 자마다 천국에 다 들어갈 것이 아니요 다만 하늘에 계신 내 아버지의 뜻대로 행하는 자라야 들어가리라"(마 7:21)

"불법을 행하는 자들아 내게서 떠나가라"(마 7:23)

여기서 불법이란 하나님의 뜻과는 반대되는 세상의 죄악, 위선, 사기, 간음, 어둠을 뜻한다. 불법을 행하면서 주여, 주여 한다면 위선자다. 하나님은 다 알고 계신다. 하나님의 뜻대로 행해야만 천국 문에 들어갈 수 있다.

아버지의 뜻이 무엇인지 알고 있는가?

내 아버지의 뜻이 무엇인지도 모르면서 예수를 믿으면 구원받는다며 교회만 다닌다. 믿기만 하면 천국 간다라며 평생 교회를 다녔다. 성경은 구원에 관하여 쉽게 말한 곳도 있고 어렵게 말한 곳도 있다.

베드로의 설교에 "누구든지 주의 이름을 부르는 자는 구원을 얻으리라"(행 2:21) 하셨다. 쉬운 말씀 같다. 하지만 성경에는 천국 들어가는 것이 어려운 말씀인 곳도 있다.

많은 사람들이 천국에 들어가려고 지금도 주의 이름을 부르며 교회에 다닌다. 주의 이름으로 선지자 노릇을 했다는 사람, 주의 이름으로 귀신을 쫓아냈다는 사람, 주의 이름으로 많은 능력을 행했다는 사람….

그러나 그들도 천국 문에서 쫓겨난다. 그렇다면 아버지의 뜻대로 행하는 것이 무엇일까? 신중하게 생각해야 한다. 쉽게 아무나 천국에 들어가는 것이 아니다.

하나님 아버지의 뜻이 정확히 무엇일까? 답은 간단히 말해 요한복음 6장 40절에 명백히 나와 있다.

"내 아버지의 뜻은 아들을 보고 믿는 자마다 영생을 얻는 이것이니 마지막 날에 내가 이를 다시 살리리라 하시니라"

아버지의 뜻은 영혼 구원이다. 수가성 여자처럼 "와보라" 외치는 자를 찾으신다.

정말 예수님은 구세주와 주님으로 믿고 있는가? 성경대로 믿어야 한다. 성경을 보면서 많은 사람들이 쉽고 편한 것, 좋아하고 외우기 쉬운 구절만 골라서 믿고 살다가 천국 문 앞에서 "주여, 주여" 하다가 기절하고 넘어진다. 그래서 성경을 좀 더 전체적으로 살펴보아야 한다.

"나의 원대로 마옵시고 아버지의 원(Will)대로 하옵소서"(마 16:39, 사 53:10)
"하나님이여 보시옵소서 두루마리 책에 나를 가리켜 기록한 것과 같이 하나님의 뜻을 행하러 왔나이다"(히 10:9) 하셨다.

이렇게 예수님은 아버지의 원대로 뜻대로 살다가 십자가에 달려 죽으셨다.

만약 당신이 "주여 내가 무엇을 하리이까? 정확히 아버지의 뜻이 무엇입니까?" 알고 싶다면 마태복음 6장 33절 말씀을 외우며 한 달 동안 기도해보자. 그래도 응답이 없다면 기본적인 하나님의 뜻이요 주님의 명령에 순종하여 나가서 복음을 전도하자. 그러다 보면 아버지의 뜻이 무엇인지 저절로 알게 된다.

(2) 당신의 구원이 하나님의 뜻이요 소원이다.

우리를 향하신 하나님의 뜻은 모든 사람이 요한복음 3장 16절 말씀을 믿고 구원을 받는 것이다.

"하나님이 세상을 이처럼 사랑하사 독생자를 주셨으니 이는 그를 믿는 자마다 멸망하지 않고 영생을 얻게 하려 하심이라"(요 3:16)

"하나님은 모든 사람이 구원을 받으며 진리를 아는데 이르기를 원하시느니라"(딤전 2:4)

모든 사람이 믿고 구원받는 것이 하나님의 소원이요 하나님의 뜻이다. 그러므로 우리가 열심히 전도하는 것이 하나님의 뜻이다.

여기 정확히 세 가지 하나님의 뜻이 나와 있다.

첫째, 기도에 있어서 하나님의 뜻이 있다.

우리가 잘 아는 주기도문에 "나라에 임하옵시며 뜻이 하늘에서 이룬 것같이 땅에서도 이루어지이다"라고 했다. 분명히 Your Will be done on earth(마 6:10). 하나님은 당신의 뜻이 이 땅에서 이루어지기를 원하신다.

"그를 향하여 우리의 가진바 담대한 것이 이것이니 그의 뜻대로 무엇을 구하면 들으심이라"(요일 5:14)라는 기도처럼 하나님은 하나님의 뜻대로 구해야 들으신다.

125

"너희는 먼저 그의 나라와 그의 의를 구하라"(마 6:33)

여기서 그의 나라는 천국이요, 그의 의는 그리스도의 십자가 복음이다. 천국 복음전파를 위하여 기도하라는 것이 하나님의 뜻이다.

나는 지금까지 하나님의 뜻을 구하고 살고 있는가?

둘째, 우리의 삶의 목표에 하나님의 뜻이 있다.

"너희는 이 세대를 본받지 말고 오직 마음을 새롭게 함으로 변화를 받아 하나님의 선하시고 기뻐하시고 온전하신 뜻이 무엇인지 분별하도록 하라"(롬 12:2)

하나님의 온전하신 뜻은 복음을 위하여 우리 몸을 드려 봉사하는 선교의 삶이다.

하나님의 선하고 기뻐하시고 온전하신 뜻을 알고 있었는가?

셋째, 우리의 범사의 생활 방식에 하나님의 뜻이 있다.

"항상 선을 따르라 항상 기뻐하라 쉬지 말고 기도하라 범사에 감사하라 이는 그리스도 예수 안에서 너희를 향하신 하나님의 뜻이니라"(살전 5:15-18)

이것이 우리의 일상생활에 담긴 하나님의 뜻이다. 그러므로 범사에 원망, 불평없이 살고 있는가?

(3) 주 예수를 믿으라.

"선생들아 내가 어떻게 하여야 구원을 얻으리이까?"

답은 바울 같은 복음의 선생을 제대로 잘 만나야 한다.

"주 예수를 믿으라 그리하면 너와 네 집이 구원을 얻으리라"(행 16:31)

당신은 주 예수를 믿는가?

내가 예수를 믿으면 가족이 모두 자동으로 구원받는 것이 아니고 내가 먼저 구원받고 행동으로 믿음을 보여 가족 구원을 완성해야 정상적인 믿음이고 이것이 하나님의 뜻이다.

당신의 가족 구원은 완성되었는가?

"누구든지 자기 친족 특히 자기 가족을 돌아보지 않으면 믿음을 배반한 자요 불신자보다 더 악한 자니라"(딤전 5:8)는 말씀을 우리는 꼭 명심해야 한다. 예수를 잘 믿는다면서 아직도 가족이 구원받지 못한 상태라면 최선을 다하여 기도하고 전도를 시도하고 사랑하고 돌아보라는 말씀이다.

"너희는 세상의 빛이라 또 등불이다 그래서 집안 모든 사람에게 비치느니라"(마 5:14-15)

세상의 빛이 되기 전에 먼저 가정의 등불이 되어야 한다.

나는 가정의 등불 역활을 잘하고 있는가?

"주 예수를 믿으라(Believe)"는 말에서 「믿는다」는 행동하는 동사다. 명사가 아니다. 믿는 자(Believer)는 믿고 행동하는 자이며 믿고 나가는 순종하는 자를 말한다. 예수를 100% 믿는 자 성경을 100% 믿는 자는 하나님의 뜻대로 행하는 행함으로 믿음을 증명하는 자다. 예수를 90% 믿어서는 천국에 들어가지 못한다.

"회개하고 복음을 믿으라"(막 1:15)

"모든 이방인 중에서 믿어 순종케 하나니"(롬 1:5, 6:26)

이렇게 믿는다는 말 속에는 회개, 믿음, 순종 이 세 가지가 연결되어

100%가 된다.

"사람이 마음으로 믿어 의에 이르고 입으로 시인하여 구원에 이르느니라"(롬 10:10)

마음으로 믿고 입을 열어 대중 앞에서 시인하고 간증하고 고백하고 복음을 전하라는 말씀이다. 믿음이라고 다 같은 것이 아니다. 박 집사의 믿음이 다르고 빌립 집사의 믿음이 다르다. 마음속으로만 믿는 자들이 많다. "나는 믿는 자다"고 하면서 입 다물고 사는 자는 롯이다. 당신의 믿음을 말로, 전도로, 행동으로, 사람들에게, 주님께 보여 드려야 한다.

당신은 정말 주님을 믿는 자, 자랑하는 자, 전하는 자인가?

(4) 행함이 없는 믿음은 죽은 믿음이다

"영혼 없는 몸이 죽은 것같이 행함이 없는 믿음은 죽은 것이니라"(약 2:26)

야고보서는 내 아버지의 뜻대로 행하는 자라야 들어가리라는 주님의 말씀과 같은 말씀이다.

당신의 믿음은 행함이 없는 죽은 믿음인가 행함이 있는 믿음인가?

주님께 행동으로 보여야 한다. 하나님은 우리를 시험하고 우리는 그 시험을 행동으로 확증해야 한다. 우리는 믿음을 검증받아야 한다.

"예수께서 가라사대 때가 찼고 하나님 나라가 가까웠으니 회개하고 복음을 믿으라 하시더라"(막 1:15)

왜 능력이 없는가? 회개하고 예수를 믿었을 때 믿음의 동력이 생긴다. 회개 없는 믿음은 동력이 없는 죽은 믿음이다. Repent 역시 동사로 몸으로 행동으로 회개해야 한다. 이것은 성경적 진리다. 회개의 믿음에서 동력 능력이 생긴다.

바울은 다메섹 도상에서 예수님을 만나고 결심하고 지난날의 악한 죄를 회개했다. 스데반을 죽인 죄를 포함하여 예수 그리스도를 모르고 주의 이름을 부르는 자들을 잡아 죽이려 명단을 가지고 찾아다닌 죄를 아라비아 광야로 가서 구약을 읽으며 복음을 깨닫고 3년 동안 회개했다. 그래서 바울은 죽은 유두고도 살렸고 당시 세계를 전도했다. 선지자 요나도 고래 뱃속에서 3일을 회개하고 육지에 토해 내졌을 때 능력 받고 회개하라 외칠 수 있었다. 베드로도 새벽 닭울음 소리에 깨어 통곡하며 회개하고 능력 받아 앉은뱅이도 일으키고 죽은 도르가도 살리며 교회를 세우고 전도했다. 회개한 믿음에서 능력이 나온다.

나는 언제 과거청산을 하고 회개했는가?

야고보서가 행위 구원이나 율법 구원을 말하는 것은 결코 아니다.

믿음으로 행하지 않는 것은 죄다(롬 14:23). 매일 매 순간 하나님의 은혜와 믿음으로 살아야 한다. 아브라함은 믿음으로 이삭을 번제로 드렸다(행 2:24). 그는 행동으로 하나님께 믿음을 보여 드렸다

"네가 하나님은 한 분이신 줄을 믿느냐 잘 하는도다 귀신들도 믿고 떠느니라"(약 2:19)처럼 행함 없는 믿음을 강하게 비판했다. 전도가 없다면 당신의 믿음이 귀신의 믿음 아니면 죽은 믿음일 수 있다. 귀신의 믿음은 전도를 하지 못하는 믿음이다. 당신 안에 예수 그리스도가 계신 것을 행동으로 이웃에게 보여줘야 한다.

땅끝까지 복음을 전파하라는 말씀은 주님의 명령이다. 귀신은 전도하는 것을 제일 싫어하고 방해한다. 주님이 말씀하신 착한 일(마 5:16)은 영

적 운동으로 복음을 전하는 영혼 구원 운동이다. 이 세상에는 예수 없이 착한 사람들이 많다. 자선사업가, 사회봉사자, 자원봉사자 등. 육신의 착한 일로는 천국에 갈 수 없다. 주님이 말씀하시는 착한 일은 믿음으로 복음의 빛을 전하는 운동이다.

(5) 너희가 믿을 때에 성령을 받았느냐(행 19:2).

교회는 다니는데 자신이 성령을 받았는지 못 받았는지 잘 모르는 사람이 많다.

"그리스도의 영이 없으면 그리스도의 사람이 아니라"(롬 8:9)

"그 안에서 너희도 진리의 말씀 곧 너희의 구원의 복음을 듣고 그 안에서 또한 믿어 약속의 성령으로 인치심을 받았으니"(엡 1:13)

당신은 성령 안에 그리스도 안에 있는가? 우리가 그리스도 안에 그리스도가 우리 안에 있어야 한다. "누구든지 그리스도 안에 있으면 새로운 피조물이라"(고후 5:17), 예수는 창조주시오(요 1:3), 우리의 보호자시다. "악한 자가 저를 건드리지도 못한다"(요일 5:18)

우리의 구원은 요한복음 3장 5절의 "물과 성령으로 거듭남의 진리" 그리고 요한복음 3장 16절의 "아버지와 아들과 성령의 삼위일체 하나님"의 합작의 구원이다.

여호와의 증인들은 여호와만 열심히 믿는다. 우리는 성삼위 일체를 믿어야 한다. 주님의 말씀과 성령을 무시하고 내 마음대로 천국 갈 수 없다. 성경적으로 성령 안에서 나의 구원을 확증할 수 있어야 한다.

바나바는 은혜와 성령과 지혜가 충만했고 착한 사람으로 소문났다.

"바나바는 착한 사람이요 성령과 믿음이 충만한 자라 이에 큰 무리가 주께 더하더라"(행 11:24)

언제 성령을 받았는가? 이를 확신하는가?

"오직 성령이 너희에게 임하시면 너희가 권능을 받고 예루살렘 온 유대와 사마리아와 땅끝까지 내 증인이 되리라"(행 1:8)

성령 받은 자는 나가서 복음을 전파해야 한다. 당신은 주님의 증인인가? 그리고 성령의 열매, 즉 사랑, 희락, 화평, 인내, 자비, 양선, 충성, 온유, 절제는 전도자의 성령의 열매다(갈 5:22).

주님은 우리의 믿음을 세상에 나가 보여주라 하신다. 우리 안에 거하시는 예수를 증거하고 확증해야 한다. 죽은 믿음으로는 천국에 갈 수 없다. 언제 어디서든지 행함으로 당신의 믿음을 주님께 보여 드릴 필요가 있다. 하나님은 항상 우리를 보고 들으시고 감찰하신다. 전도는 성령 받은 자만 할 수 있는 착한 일이다. 성령 받고 복음을 전하는 전도자인가?

(6) 증인=예수 믿는 것을 부끄러워 말고 자랑하라

"누구든지 이 음란하고 죄 많은 세대에서 나와 내 말을 부끄러워하면 인자도 아버지의 영광으로 거룩한 천사들과 함께 올 때에 그 사람을 부끄러워하리라"(막 8:38)

주님은 우리를 위해 침 뱉음, 매 맞음, 옷 벗기심 등 온갖 부끄러움과 모욕을 참으셨다.

"내가 복음을 부끄러워하지 아니하노니 이 복음은 모든 믿는 자에게 구원을 주시는 하나님의 능력이 됨이라"(롬 1:16)

바울처럼 언제 어디서나 예수를 사랑하고 자랑하고 전도해야 한다.

"이는 내가 꺼리지 않고 하나님의 뜻을 다 너희에게 전하였음이니라"(행 20:27)

바울은 복음을 부끄러워하지 않고 항상 예수를 사랑하고 복음을 자랑하고 전도했다는 말이다.

복음 전도는 하나님의 첫 번째 뜻이다. 우리는 예수 믿는 것을 자랑으로 삼고 담대하게 주님의 말씀을 전해야 한다.

당신은 전도를 부끄러워서 못하는가?

그렇다면 당신은 부끄러운 구원을 받을 수 있다.

"공적이 불타면 불 가운데서 부끄러운 구원을 받는다"(고전 3:14-15)

"부끄러울 것이 없는 일꾼이 되도록 힘쓰라"(딤후 2:15)

부끄러워하는 것은 아닌데 전도는 못 하는가?

나는 담대히 자랑스럽게 전도하고 있는가?

당신이 전도하지 않으면 당신은 한 달란트를 받아 땅속에 묻어둔 자다. 주님은 달란트 비유에서 한 달란트 받은 종이 달란트를 땅속에 감추어 두었다가 갖고 나와 당신의 것을 받으소서 했을 때 "악하고 게으른 종아" 하시고 바깥 어두운 데로 내쫓으라 하셨다(마 25:30). 예수를 마음속에 감추고 살지 말고 담대하게 예수는 나의 왕이라고 고백해야 한다. 우리 크리스천은 왕 같은 복음의 제사장이다(벧전 2:9, 롬 15:16). 왕은 권세가 있고 담대하다. 그러니 담대하게 예수 복음을 외쳐야 한다. 눈에 보이는 것에 신경 쓰지 말고 누구도 두려워하지 말고 믿음으로 행동해야 한다. 우리는 왕 같은 제사장이다.

(7) 절제(self-control) = 말하는 입, 먹는 입을 절제하고 육체의 정욕, 안목의 정욕, 돈 욕심을 절제하자

"일락을 좋아하는 자는 살았으나 죽었느니라"(딤전 5:6)

"세상과 벗된 것이 하나님과 원수 됨을 알지 못하느냐 그런즉 누구든지 세상과 벗이 되고자 하는 자는 스스로 하나님과 원수 되는 것이니라"(약 4:4)

이는 깨끗하게 살라는 말씀이다. 세상 오락, 향락, 술 취하고 간음하고 육신의 정욕을 쫓고 세상과 짝하는 자, 양다리 걸치고 살면 안 된다는 말이다. 부자 되려는 자, 돈을 사랑하는 자, 시험에 빠지고 세상 향락에 빠져 믿음에서 떠나 세상으로 돌아간 자가 많다. 돈을 사랑함이 일만 악의 뿌리가 됨을 명심해야 한다. 돈을 사랑하다가 믿음에서 떠난 자들에게 하시는 말씀이다(딤전 6:9-10, 계 3:17).

돈 욕심으로 날마다 카지노에 가서 돈 다 잃고 거지 된 사람도 많다.

물과 성령으로 거듭난 자도 타락할 수 있다. 한 번 구원이 성령을 훼방하면 영원한 구원 아니다. 성경을 바로 알아야 한다(히 6:4-6).

그리스도인은 자기 가족과 친족을 잘 돌봐야 한다. 그렇지 않으면 믿음을 배반한 자요 불신자보다 더 악한 자라고 말씀하고 있다(딤전 5:8).

우리는 가족관계를 잘 생각해 볼 필요가 있다. 가정을 잘 지키고 자녀를 잘 돌보고 부모 형제를 돌보는 것이 하나님의 뜻이다.

성경은 천국에 들어갈 수 없는 죄인들을 나열하고 있다.

두려워하는 자, 믿지 아니하는 자, 흉악한 자, 살인자, 행음자, 술객, 우상 숭배자, 모든 거짓말 하는 자(계 21:8), 음란한 자, 우상 숭배자, 간음하는 자, 탐색하는 자, 남색하는 자, 도적, 탐욕, 술 취한 자, 속여 빼앗은 자(고전 6:9-11) 당신은 여기서 자유로운가? 그러나 예수님을 믿으면 모든 죄를 용서받고 하나님의 자녀가 될 수 있다.

(8) 성화 = 거룩한 행복을 누리자

"항상 복종하여 두렵고 떨림으로 너희 구원을 이루라"(빌 2:12)

바울은 빌립보 교회 성도들이 주님의 소원을 위하여 세상의 빛의 역할을 다하고 생명의 말씀을 전하여 주 예수 그리스도의 날에 함께 기뻐할 수 있기를 소망했다(빌 2:13-16). 여기서 항상 복종하라는 말씀은 주님의 명령인 땅끝까지 복음을 전파하라는 말씀이다.

아브라함은 이삭을 모리아산에서 번제로 드릴 때 칼을 들고 두렵고 떨림으로 복종하여 아들을 드리려 했다.

하나님의 100% 은혜의 선물을 받을 수 있는 100%의 믿음을 하나님께 보여야 한다.

"그러므로 누구든지 나의 말을 듣고 행하는 자는 그 집을 반석 위에 지은 지혜로운 사람 같으리니"(마 7:24)

"우리가 환난 중에도 즐거워하나니 이는 환난은 인내를 인내는 연단을 연단은 소망을 이루는 줄 앎이로다"(롬 5:3-4)

"그러므로 너희가 더욱 힘써 너희 믿음에 덕을, 덕에 지식을, 지식에 절제

를, 절제에 인내를, 인내에 경건을, 경건에 형제 우애를, 형제 우애에 사랑을 더하라"(벧후 1:5-7)

이것이 신의 성품 거룩함에 참여하는 과정이다. 믿음의 성장과 성화를 요구하는 말씀이요 반석 위에 믿음의 집을 만들어 완성하도록 노력하라는 말씀이다. 계속 믿음의 진보를 보여야 한다. 경건한 생활을 하는가? 전도는 하는가? 아직도 땅바닥 믿음인가?

"하나님의 뜻은 이것이니 너희의 거룩함이라"(살전 4:3)

"모든 사람으로 더불어 화평함과 거룩함을 쫓으라 이것이 없이는 아무도 주를 보지 못하리라"(히 12:14)

성경은 우리에게 거룩한 삶을 살라 하신다. 이 삶은 기도와 말씀으로 가능하다. 나는 거룩한 생활을 하고 있는가?

우리는 하나님을 닮은 천국 시민의 높은 품격 경건과 거룩함을 갖추어야 한다. 하지만 하나님의 자녀들도 잘못하면 징계를 받는다

"매를 아끼는 자는 그의 자식을 미워함이라 자식을 사랑하는 자는 근실히 징계하느니라"(잠 13:24)

"어찌 아버지가 징계하지 않는 아들이 있으리요 징계는 다 받는 것이거늘 너희에게 없으면 사생자요 친아들이 아니니라"(히 12:7-8)

내가 지금 하나님께 징계를 받고 있다는 것을 깨달으면 감사해야 한다. 당신은 하나님의 자녀다.

(9) 등불 = 등+기름(성령 충만) 전도와 선교

"그런즉 깨어 있으라"(마 25:13)

"노아의 때와 같이 인자의 임함도 그러하리라"(마 24:38)

홍수 전에 노아가 방주에 들어가던 날까지 사람들이 먹고 마시고 장가들고 시집가고 했다.

"너희는 세상에 빛이라"(마 5:14)

복음의 빛을 비춰라.

"그런즉 깨어 있으라 너희는 그날과 그 시를 알지 못하느니라(마 25:13)

항상 깨어 있으라 주님 오시는 그날에 그 밤에 잘못된 장소에서 먹고 마시다가 등불을 준비하고 나갈 수 없다(마 25장).

열 처녀 비유에 신랑 되신 주님이 그날 밤중에 오셨다. 천국에 들어가려면 기름을 충분히 준비하고 밝은 등불을 들고 깜박 졸아도 정신을 차리고 졸아야 한다. 세상 잠에 푹 빠져서 정신을 잃으면 주님이 오셔도 모른다. 오늘 밤이 그날 밤이 될지 모르니 복음의 등불이 되라 기다리는 슬기로운 처녀가 되라 하신다. 주님 사랑으로 충만하여 주님 소원의 그 날을 준비하자.

당신은 등에 복음의 등불을 밝히고 잘 준비하고 있는가?

신랑 된 주님이 오신다는 나팔 소리가 들리는데 기름이 없어 등불이 꺼져가면 큰일이다. 기름이 없으니 좀 나눠 달라해도 나눠 줄 수 없다. 기름 파는 자들에게 가서 사야 한다.

"주여, 주여 우리에게 열어주소서."

"내가 너희를 알지 못하노라"(마 7:23, 25:12)

주님은 똑같은 대답을 하셨다.

"볼지어다 내가 문밖에 서서 두드리나니 누구든지 내 음성을 듣고 문을 열면 내가 그에게로 들어가 그와 더불어 먹고 그는 나와 더불어 먹으리라"(계 3:20)

사실 주님이 오래전에 문을 두드리셨다. 그러나 내가 문을 열지 않았고 그 후 지금까지 예수님과 만남도 교제도 없었다.

"귀 있는 자는 성령이 교회들에게 하시는 말씀을 들을지어다"

그러나 대부분의 사람들은 복음에 귀를 막고 산다. 그래서 "내가 너희를 알지 못하노라"하고 끝나 버렸다.

나는 미련한 처녀인가, 나는 슬기로운 처녀인가?

등불은 복음의 빛이요 성령을 말한다. 수가동 여자처럼 물동이를 버려두고 동네로 달려가 "와보라. 메시아가 오셨다. 신랑이 오셨다" 외쳐야 한다. 우리가 성령 충만 받고 깨어서 복음을 전해야 한다. 주님은 부활 후 40일을 계시며 사도와 제자들을 만나고 가르치고 마지막 최후의 명령이 사도행전 1장 8절에서 "성령 받고 땅끝까지 주님의 증인이 되라" 명령하셨다. 이것은 그리스도 안에서 우리가 받은 사명이다.

(10) 확인 = 내 이름이 생명책에 있는가?

"누구든지 생명책에 기록되지 못한 자는 불못에 던져지더라"(계 20:15)

"이기는 자는 이와 같이 흰옷을 입을 것이요 내가 그 이름을 생명책에서 반

드시 흐리지 아니하고 그 이름을 내 아버지 앞과 그 천사들 앞에서 시인하리라"(계 3:15)

예수님이 우리 이름을 생명책에 기록하신다.

주님은 일곱교회에 보내는 편지에 오직 이기자에게 생명 나무 과실을 주고 흰돌에 새 이름을 새겼다. 이긴 자의 이름이 생명책에 기록돼 있다.

"세상에서는 너희가 환난을 당하나 담대하라 내가 세상을 이기었노라"(요 16:33)

주님도 세상 권세를 이기시고 승리하셨다.

"무릇 하나님께로 난 자마다 세상을 이기느니라 세상을 이기는 승리는 이 것이니 우리의 믿음이니라"(요일 5:4)

죽은 믿음으로 싸우지 못한다.

우리는 세상 주관자들, 악의 영들, 정사와 권세의 영적 싸움에서 이겨야 한다. 영적 싸움에서 지지 말고 이겨야 한다. 그러나 인간관계는 항상 잘하고 서로 사랑하고 원수도 사랑해야 한다.

"또 우리 형제들이 어린 양의 피와 자기들이 증언하는 말씀으로써 그를 이 겼으니 그들은 죽기까지 자기들의 생명을 아끼지 아니하였도다"(계 12:11, 17:14)

말세에 십자가 피의 복음을 전하여 사탄을 이겨야 한다. 이기는 방법은 죽기까지 복음을 전파하는 것이 최선이다. 사명자 바울의 신앙을 본받아야 한다.

"내가 달려갈 길과 주 예수께 받은 사명 곧 하나님의 은혜의 복음을 증언하 는 일을 마치려 함에는 나의 생명조차 조금도 귀한 것으로 여기지 아니하 노라"(행 20:24)

우리는 십자가 군대로서 구원의 투구를 쓰고 믿음의 방패를 들고 성령의 검인 하나님의 말씀으로 세상과 사탄과 싸워서 이겨야 한다.

그리스도인으로 싸우지 않는 자는 겁쟁이요 낙오자다. 우리는 온갖 시험과 환난과 핍박을 이기고 전도해야 한다.

"또 참으로 나와 멍에를 같이한 네게 구하노니 복음에 나와 함께 힘쓰던 저 여인들을 돕고 또한 글레멘드와 그 외에 나의 동역자들을 도우라 그 이름들이 생명책에 있느니라"(빌 4:3)

바울은 분명히 복음 증거에 "나와 함께 한 자들이 생명책에 있다" 하셨다. 나는 아버지의 뜻대로 행하는 자가 맞는가?

"우리가 이같이 큰 구원을 등한히 여기면 어찌 피하리요"(히 2:3)

이 크고 중요한 구원을 한시도 등한히 하지 말라.

"이 세상도 그 정욕도 지나가되 오직 하나님의 뜻을 행하는 이는 영원히 거하느니라(lives forever)"(요일 2:17)

주님의 뜻, 주님의 소원, 그날을 위하여 나가서 "와보라" 외치자.

지금까지 「구원을 확증하자」는 제목으로 살펴보았다. 성경을 읽고 공부하고 좋은 신앙 서적을 읽는 것도 중요하지만 행함이 없는 믿음은 죽은 믿음이다. 주님의 명령에 순종하여 나가 복음을 전해야 한다. 순종이 믿음이다. 믿음과 행함은 동전의 양면과 같다.

교회의 부흥을 위한 좋은 방법은 사도행전 16장에 확실히 나와 있다. 교회의 부흥을 원하시면 모일 때마다 전도, 선교, 찬양을 계속 많이 "빛의 사자들이여", "온 세상을 위하여", "나 복음 전하리", "부름받아 나선 이

몸…"을 두 번 세 번 반복해서 부른다.

이는 전도와 선교를 위한 확실한 성경적 찬송 방법이다. 목사님이 "전도하세요"라고 하면 스트레스를 받는 교인들은 출석하고 헌금하고 편안히 앉아 있다가 가려는데 스트레스를 받게 한다고 불평한다. 계속 스트레스를 주면 교회를 옮긴다. 복음, 전도, 찬양을 부르는 것은 할 수 있다. 그러나 찬양을 통하여 스스로 움직이게 해야 한다.

그리스도인이 해야 할 일 첫째는 기도, 그다음이 찬송, 그리고 전도다(행 16:25-31). 바울과 실라가 빌립보에서 전도하다가 주민들의 핍박과 고소로 정부 권세자들에게 잡혀 매질 당하고 감옥에 갇혔다. 밤이 되어 바울과 실라가 기도하고 하나님을 찬미하니 죄수들이 들었다. 이에 홀연히 큰 지진이 나서 옥터가 움직이고 옥문이 열리고 발의 착고가 다 벗어졌다. 자유의 몸이 된 바울과 실라는 간수들에게 복음을 전했다. 이렇게 해서 간수의 가정이 예수를 믿고 루디아의 집과 함께 빌립보교회가 세워졌다고 본다.

복음 찬송을 열심히 부르면 옥터가 흔들리고 교회가 움직이고 지진이 나고 전도문이 열리고 성도들의 발에 사탄이 만든 착고가 성령의 역사로 풀리고 발에 발동이 걸리고 입이 열리고 "주 예수를 믿으라 구원받으라. 천국 가자" 소리가 나오고 전도하게 된다.

전도자는 증인이다. 부활하신 주님이 500명의 형제들에게 동시에 나타나 보여주셨고 그날에 주님은 승천하셨다(고전 15:6).

이것이 성경에서 가장 많은 부활의 증인 숫자다. 이것이 감람원(행

1:12)에서 주님이 승천하실 때 모였던 숫자다. 교회 다닌다고 모두 전도자가 되는 것이 아니다.

> "제자들이 감람원이라 하는 산으로부터 예루살렘에 돌아오니(저희가 유하는 다락에 올라가니) 모인 무리의 수가 120명이나 되더라"

주님의 부활 승천 목격자 500명 중에서 다락방 기도자는 120명으로 줄었다(행 1:15). 380명은 집으로 가버렸다. 눈으로는 목격했지만 마음으로 깨달음도, 천국의 소망도 관심 없던 자들이다. 지금도 이처럼 교회만 다니는 사람이 수없이 많다. 당신은 어디에 속하는가? 120? 380?

오래전에 차에 여러 명을 태웠는데 옆에 앉은 남자가 "미시간 애비뉴에서 전도하는 사람 아니냐?"고 한다. "맞다"고 했다. 어두운 밤인데도 얼굴을 알아보는 것이 신기했다.

몇 달 뒤 남자 4명을 태우고 트럼프 호텔로 가는데 옆에 앉은 신사가 "또 만났네. 미시간 애비뉴 전도자"라고 한다. 그리고는 함께 탄 이들에게 나를 소개했다. 그는 내가 미시간 애비뉴에서 외치는 것에 관심이 많은 사람이 분명하다. 그렇지 않고서야 어떻게 밤에, 그것도 택시 운전 중인 나를 거리의 전도자로 알아볼 수 있단 말인가. 그는 나의 전도를 지켜본 현장 목격자가 분명하다.

> "우리 중에 이루어진 사실에 대하여 처음부터 말씀의 목격자 되고 일꾼 된 자들이 전하여 준 그대로 내력을 저술하려고 붓을 든 사람이 많은지라"(눅 1:1)
>
> "말씀이 육신이 되어 우리 가운데 거하시매 우리가 그 영광을 보니 아버지

의 독생자의 영광이요 은혜와 진리가 충만하더라"(요 1:14)

이 말씀은 현장 목격자요 말씀의 목격자 즉 예수님으로부터 직접 보고 들은 사도 요한의 증언이다. 우리도 지금 성경 말씀 속에서 살아 있는 주님을 만나고 말씀의 목격자가 되어 말씀을 전하는 전도자가 되어야 한다. 우리나 저들이나 모두 말씀의 목격자들이다.

말씀 공부를 하면서 말씀으로 주님을 만났어도, 땅속에 감춰졌던 보화를 발견했어도, 혼자 좋아하고 꿈꾸면 소용없다. 자랑하는 자가 되어야 한다. 내가 밭에서 보화를 발견하고 밭을 샀으면 보화를 소유하고 있다고 자랑하고 외쳐야 한다. 그래야 확실한 소유자로 이웃으로부터 하나님으로부터 인정받는다. 이웃에 공개적으로 자랑하기 전까지는 보화가 내 것이 아니다(고후 13:5).

두 달란트 받은 자가 장사하여 두 달란트를 남기면 네 달란트를 갖게 된다. 그러나 한 달란트 받은 자는 땅속에 묻어두었다가 주인에게 한 달란트까지 뺏겼다. 예수 자랑 전도하므로 예수 그리스도를 나의 구주로 확증해야 한다.

2

주님과 수가동 여자

하나님의 시간은 항상 지금이다.
지금이 전도해야 하는 때다.

"보라 지금(Now)은 은혜받을 만한 때(Time)요 보라 지금은 구원의 날(Day)이 로다"(고후 6:2, 히 4:7, 시 2:7)

주님의 복음은 영원한 복음이다(계 14:6).

지금 순간은(카이로스는 흘러가는 시간이 아니라 영원과 만나는 순간으로 헬라어다) 하나님이 주시는 하나님의 시간이다. 그래서 "순간에서 영원으로"라는 말이 있다.

"아버지께 참으로 예배하는 자들은 신령과 진정으로 예배할 때가 오나니 곧 이때(Now)라 아버지께서는 이렇게 자기에게 예배하는 자들을 찾으시느 니라"(요 4:23)

"진실로 진실로 너희에게 이르노니 죽은 자들이 하나님의 아들의 음성을

들을 때가 오나니 곧 이때(Now)라 듣는 자는 살아나리라"(요 5:25)

요한복음은 지금의 순간의 복음이다. 누구든지 지금 전도자의 소리를 듣는 자는 살아나는 구원의 복음이다. 부활의 복음이다. 전하는 자도 지금 전하고 듣는 자도 지금 듣고 믿어 구원받는 축복이다. 이것을 아는 자가 전도한다. 순간 포착이다. 성령의 감동은 언제나 지금이다. 오늘 지금이 순종의 날이요 전도의 날이다. 오늘 우리가 전도함으로 주님의 소원을 앞당긴다. 항상 하나님이 말씀하시는 시간은 지금이다. 하나님은 과거도 미래도 없다. 하나님의 시간은 항상 영원한 지금이다. 영원한 생명의 기회가 지금이다. 지금은 하나님의 은혜의 시간이다.

"주의 목전에는 천 년이 지나간 어제 같으며 밤의 한순간 같을 뿐임이니이다."(시 90:4)

하나님은 우리의 천년을 한순간에 보시며 지금은 영원한 순간이다. 그래서 세월을 아끼라는 말은 기회를 잡으라는 말이다. 이 순간을 놓치면 기회는 다시 없다는 말이다.

찬송가 "이때라 이때라 주의 긍휼 받을 때가 이때라 지금 주께 나아와 겸손하게 아뢰라 구원함을 얻으리 얻으리"를 기억하자.

"너는 나를 따르라" 하시니 베드로와 안드레는 배와 그물을 버리고 따랐고 마태는 돈 만지는 직장을 버리고 지금 당장 주님을 따랐다. 요즘도 사람들은 "나중에 할 거야, 지금은 안 된다"고 말한다. 그러나 그때를 놓친 사람에게 그와 같은 기회는 없다.

예수님의 전도 방법 – "와보라. 와서 보라"

"예수께서 이르시되 와서 보라 그러므로 그들이 가서 계신 데를 보고 그날
함께 거하니 때가 열 시쯤 되었더라"(요 1:39)

"와보라"는 말은 예수님이 제일 먼저 사용하셨다. "와보라"는 말은 "지금
와서 보라"는 뜻이다. 내일이 아니다. 바로 지금이다.

그다음 두 번째로 빌립이 이 방법을 사용해 "와보라" 전도를 했다(요
1:46).

그리고 세 번째로 수가동 여자가 "와보라"는 말로 전도를 했다(요 4:29).
이것이 영적 예배가 되어 주님을 기쁘시게 했다. 사도 요한은 처음부터
주님 가까이에서 주님이 하신 말씀 "와보라"를 기억하고 요한복음을 기
록했다.

요한복음은 "와보라" 복음이다. 길이요 진리요 생명이신 그리스도를
지금 만나 보라는 말씀이다.

(1) 예수님이 사마리아 수가동을 방문하시다

예수님께 우연이란 없다. 모든 일이 예지 예정이다. 야곱의 우물에서
수가동 여자를 만난 일은 주님의 생애에 이미 예정된 일이었다. 이로 인
해 이 땅의 모든 사람들에게 복음을 들을 수 있는 기회를 주셨다. 주님은
언제나 문밖에 서서 우리 마음의 문을 두드리고 계신다. 주님은 전도자
를 통해 세상 모든 사람들을 찾으시고 방문하신다. 그래서 땅끝까지 전
도자를 보내신다.

땅끝을 정복하는 날이 주님의 날이 된다. 듣는 자들이 얼마나 관심을 갖고 만나고 듣고 기회를 잡느냐가 중요하다. 당시 유대인들은 사마리아인들을 상종하지 않았지만 주님은 지역차별, 인종차별, 남녀차별도 없이 심령이 가난한 자를 찾아 만나셨다. 하나님은 언제나 공평하시며 은혜로우시며 모든 사람을 사랑하신다. 하나님은 다말을 축복하셨고 라합을 축복하셨고 룻을 축복하셨다. 주님은 야곱의 우물가에서 이름 없는 수가동 여자를 만나 전도자로 세우시고 최초의 영적 예배자로 축복하셨다.

(2) 예배에 대한 여자의 질문

이 여자는 심령이 가난한 자요, 애통해하는 자요, 의에 주리고 목마른 자요, 메시아를 기다리는 사마리아 여인이었다.

동네 사람들은 몰랐지만 주님은 다 알고 계셨다. 여자는 먼 길을 걸어서 야곱의 우물에 도착했을 때 예수님이 먼저 와 기다렸고 여자가 왔을 때 주님이 먼저 말을 걸어 전도를 시작하셨다.

> "예수께서 물을 좀 달라 하시니 여자가 가로되 당신은 유대인으로서 어찌 사마리아 여자인 내게 물을 달라 하십니까? 당신은 야곱보다 크신 분이십니까?"(요 4:9)

주님과의 대화가 계속되고 "네 남편을 불러오라"하자 "나는 남편이 없나이다"라고 답했다.

여자는 정직했고 죄를 깨닫고 성전에 가서 회개해야겠다고 생각 한 것 같다. 수가동 여자는 사실 유대교 종교인으로 예수님을 선지자로 보고 예배에 대해 질문을 했다.

"유대인들은 예루살렘에서 예배해야 한다고 하고 사마리아인은 그리심산에서 예배하는데 어느 것이 맞습니까?"

이렇게 해서 예수님과 수가동 여자는 성전예배에 대해 대화를 하게 되었다.

종교는 예배의 장소가 중요하다. 예수님은 여자의 질문에 대답하는 차원에서 예배라는 단어를 그대로 쓰셨다.

"여자여 내 말을 믿으라. 그리심산에서도 아니고 예루살렘도 아니다. 아버지께 참으로 예배하는 자들은 신령과 진정으로 예배할 때가 오나니 곧 이때라 (Time is now) 아버지께서는 이렇게 자기에게 예배하는 자들을 찾으시느니라 하나님은 영이시니 예배하는 자가 신령과 진정으로 예배할지니라"(요 4:23-24)

주님은 여자에게 지금 여기서 영적 예배를 하라고 말씀하신 것이다. 하나님은 영이시다. 영은 시간과 공간을 초월하신다. 지금 오늘 여기서 예배할 수 있다는 말씀을 하신 것이다. 종교는 예배식이 중요하지만 그리스도의 복음은 전도가 중요하다. 예수님은 당신이 오늘 여기서 신령과 진정으로 예배하게 될 것이라고 하셨다. 이 여자는 메시아를 만나고 생수와 성령을 받고 나가서 "와보라" 외치며 뛰어다니고 복음을 전파한 것이 신령과 진정으로 예배를 드린 것이 된다.

(3) 요한복음 4장은 신령한 예배학이다

히브리어로 예배를 "샤하"라 한다. '엎드려 절하다, 경배하다, 섬기다'는 뜻이다.

"메시아 곧 그리스도가 오실 줄을 내가 아노니 그가 오시면 모든 것을 설명 해 주실 것입니다"(요 4:25)

수가동 여자는 성전의 제사장보다 더 메시아를 사모하고 메시아를 기다리는 야곱의 후손이며 예배를 갈망하는 심령이 가난하고 의에 주리고 목마른 여자였다. 말씀의 목격자 사도 요한도 예수님이 하시는 말씀을 잘 듣고 참된 예배가 무엇인지 알리고자 요한복음 4장을 기록했다고 본다.

신약성경 전체에 예배란 단어가 15번 나오는데 요한복음 4장에 10번 나온다.

1. 예루살렘 성전 예배에 참석하러 올라온 헬라인 이야기(요 12:20)
2. 에디오피아 내시가 예배하러 예루살렘에 왔다가는 이야기(행 8:27)
3. 바울이 예루살렘 성전에서 오해와 재판받은 사건(행 24:11)
4. 이스라엘 사람들의 성전예배를 설명한 것(롬 9:4)
5. 영적 예배란 말의 등장(롬 12:1)

바벨론 포로귀환 이후부터 주후 70년까지 예루살렘의 성전에는 제사와 예배가 있었다. 그리고 요한복음 4장에서 예배란 단어가 10번 나오는데 여기 나오는 예배는 예수님과 수가성 여자와의 대화로 구약의 성전예배에서 메시아의 생수 길거리 복음 전도로 넘어가는 단계다.

예수님과 바울에게는 현대와 같은 교회 예배는 생각지도 못했을 것이다. 어느 교회에 갔더니 강단 옆에 요한복음 4장 24절 말씀을 써서 달아놓은 것을 보았다. 요한복음 4장의 예배(worship)는 수가성 여자가 말한 단어를 그대로 사용한 것이다.

요한복음 4장의 예배는 신령과 진정으로 예배할 때가 오나니 곧 "이때라" 하신 주님의 말씀과 메시아를 만난 수가동 여자가 동네로 달려가 "와보라" 외치는 전도 소리로 주민들이 몰려와서 주님의 말씀을 듣는 우물가 모임이 영적 예배였던 것을 알 수 있다.

"오직 성령이 너희에게 임하시면 권능을 받고 사마리아와 땅끝까지 증인이 되는 것"이 신령한 예배이고 성령이 역사할 때 성령이 말하게 하심을 따라 전도하는 것이 신령한 예배다.

"그러므로 형제들아 내가 하나님의 모든 자비하심으로 너희를 권하노니 너희 몸을 하나님이 기뻐하시는 거룩한 산 제사로 드리라 이는 너희의 드릴 영적 예배(Reasonable Service)니라"(롬 12:1)

"산 제사를 드리라"는 말은 "너희 생활 전체를 산 제사로 드리라"는 말이다. 하나님이 기뻐하시는 일을 하는 것이 영적 예배라는 말이다. 섬김, 봉사, 사랑의 합당한 신앙생활로 하나님을 섬기라는 말이다.

많은 교회가 종교와 십자가 복음을 구별하지 못하고 있다. 그래서 요한복음 4장과 함께 복음의 올바른 해석이 필요하다.

바울은 로마서 12장 2절에서 "하나님의 뜻이 무엇인지 분별하라" 하시며 로마서 12장 전체를 보라 하셨다. 수가동 여자도 자기 몸을 헌신하여 전도로 거룩한 산 제사 영적 예배를 드렸다.

크리스천은 이웃과 형제를 위하여 헌신하여 섬기는 것 특히 성령을 받고 이웃의 영혼을 위하여 전도해 열매를 드리는 것이 최고의 신령한 예배일 것이다.

"저 밭에 농부 나가 씨 뿌려 놓은 후

주 크신 능력 내려 잘 길러 주셨네"(찬송가)

요한복음 4장의 예배는 생수를 마시고 내 몸을 헌신하여 나가서 외치며 복음 전도에 힘쓰라는 말씀이다. 그러므로 성령을 받지 못한 자는 영적 예배를 드릴 수 없다. 요한복음 4장의 신령한 영적 예배자는 주님의 소원을 위하여 동네 사거리로 나가서 열심히 헌신하며 전도하며 영혼의 추수 열매를 주님께 드리는 사람이다.

예수님은 "지금부터 예배의 장소는 예루살렘도 그리심산도 아니다" 하셨다.

유대교도 율법 종교다. 우상 종교는 장소가 더 중요하다. 이슬람교는 장소와 시간이 대단히 중요하다. 그래서 외국에 나와 있는 무슬림들이 항상 동쪽 메카를 향해 절한다. 또한 종교들은 성지 성전예배를 좋아한다. 그러나 주님은 "하나님은 영이시니 신령과 진정으로 언제나 어디서나 지금 영적 예배를 할 수 있다"고 하셨다. 그래서 수가동 여자는 당장 그날 그 자리에서 메시아를 만나고 생수를 마시고 "와보라. 메시아를 와서 보라" 외치며 신령한 예배를 드렸다.

구약시대는 양과 소, 비둘기를 잡아 죽여서 제물로 제사를 드렸다.

구약에 제사란 단어가 100번, 번제 198번, 소제 130번, 거제 27번, 요제 13번, 화목제 93번, 속죄제 124번, 속건제 31번, 낙헌제 5번, 감사제

7번 등 총 719번 이상의 제사가 있었다.

바벨론 포로 이전 솔로몬 성전까지는 희생 제사를 주로 드렸으나 바벨론 포로 이후 언약궤가 없어진 이후 스룹바벨 성전에서부터 헤롯 성전까지는 제사와 회당예배를 드렸다. 주후 70년에 헤롯 성전이 무너진 뒤부터는 유대인들은 회당예배만 드린다. 유대교인들은 지금도 율법강론 예배로 제사를 대신한다. 지금 교회가 유대교를 따라가고 있다.

(4) 영적 예배의 부름 "와보라" 초청과 응답

예수님이 "내가 그로라. 내가 메시아다"라고 말했더니 "여자가 물동이를 버려두고 동네로 달려가서 사람들에게 이르되 나의 행한 모든 일을 내게 말한 사람을 와보라 이는 그리스도가 아니냐"(요 4:28-29)고 했다.

이렇게 수가동 여자는 메시아 그리스도를 만나고 생수를 마시고 능력이 생기고 기쁨과 믿음으로 달려가 동네 사람들을 향해 "와보라" 담대하게 외침으로 신령과 진정으로 예배할 때가 오나니 곧 "이때라" 하신 말씀을 전도로 성취시켰다. 참된 예배는 주님의 소원을 위하여 발로 뛰고 입으로 외치는 성령의 역사다.

"아름답도다 좋은 소식을 전하는 자의 발이여"(롬 10:15)

주님의 소원을 위하여 아름다운 발이 필요하다. 수가동 여자는 발에 발동이 걸려서 미친 듯이 동네로 달려가며 소리쳤다.

"여러분들 나와 보세요! 빨리 나와 보세요! 우물가에 메시아가 와 계십니다."

동네를 돌면서 수백 번을 외쳤을 것이다. 그런데 수가동 여자의 초청에 큰 응답이 있었다.

"저희가 동네에서 나와 예수께로 오더라"(요 4:30)

수가동 사람들이 우물가로 몰려오기 시작합니다.

주님은 이 여자를 통해 우물가에 몰려오는 사람들을 보시고 기뻐하셨다. 그 사이에 제자들은 음식을 사갖고 와서 "드십시오" 했을 때 "나는 너희가 알지 못하는 먹을 양식이 있느니라" 하셨다. 제자들은 "누가 먹을 것을 갖다드렸나?" 생각했지만 예수님은 "나의 양식은 아버지의 뜻을 이루는 것이다" 하셨다.

예수님은 수가동 여자의 전도로 사람들이 몰려와서 바쁘셨다.

제자들을 사랑하시고 조금이라도 더 먹이시려고 "나는 배가 고프지 않다"고 하신 것이다. 제자들은 주님의 깊은 사랑을 몰랐다. 그러나 요한은 주님의 마음을 알고 여기에 기록했다. 여기서 신령과 진정으로 예배를 드린 자는 누군가? 베드로, 마태, 야고보 제자들도 아니다. "와보라"고 외친 수가성 여자다.

참 예배는 메시아 복음을 전하는 것이다. 그런데 주님의 제자 중에 동네에 들어가서 "그리스도께서 우물가에 와 계시니 와보라"라고 소리치는 제자는 한 명도 없었다. 제자들은 "넉 달이 지나야 추수할 때가 된다. 지금은 아니다"라며 전도를 하지 않는다는 것이다. 그러나 주님은 "지금이다. 지금이 추수 때"라고 하셨다(요 4:35).

주님은 이 여자의 전도로 수가동 사람들이 몰려오는 모습을 보시고 성령으로 기뻐하사 "눈을 들어 밭을 보라 희어져 추수하게 되었도다" 하시며 기뻐하셨다.

지금이 마지막 나팔의 때다. 주님은 70인 전도단을 보낼 때도 추수할 것은 많은데 일군이 적으니 추수할 일군들을 보내 주소서 하라 하셨다.

아버지께서는 이렇게 자기에게 예배하는 자들을 찾으신다. 참 예배는 밭에 나가 씨를 뿌리는 전도자와 열매를 거두는 목회자가 동참하여 추수하는 것이다. 세상 농사는 심는 자가 거두는 자가 되는 것이 정상이다. 그러나 영적인 농사는 심는 자가 있고 거두는 자는 따로 있다(요 4:37-38). 하나님을 사랑하고 이웃을 사랑하여 예수를 믿으라고 전도하는 현장이 진정한 섬김(Service)이요 예배(Worship)다. 복음주의 미국교회는 주보에 Worship보다 Service 단어를 많이 쓴다.

초대교회의 교제(Fellowship)가 현대교회에 와서 예배(Worship)로 변했다 (행 2:42, 요일 1:3, 빌 1:5).

(5) 예수가 누구신지 정확히 알아야 전도한다

"내가 누구인 줄 알았다면 네가 내게 생수를 구하였을 것이다 그가 네게 생수를 주었으리라"(요 4:10)

"내가 보니 당신은 선지자입니다"(요 4:19)

무슬림은 예수를 일반 선지자로 본다. 수가동 여자는 처음에는 예수님이 누구신지 생수가 무엇인지 몰랐다.

"너희는 알지 못하는 것을 예배하고 우리는 아는 것을 예배하노니 이는 구원이 유대인에게서 남이니라"(요 4:22)

"내가 그로라 내가 메시아다" 하는 주님의 소리를 수가동 여자는 확실히 들었다. 그래서 기쁨과 감격으로 동네로 달려가 "와보라" 외쳤다. 우리도 구약의 예언과 신약의 성취가 정확함을 성경연구를 통하여 알고 예수 그리스도가 구세주 메시아 되심을 확신해야 한다. 메시아에 관한 구약의 38개 사건이 예언과 성취가 정확하게 이루어졌다.

요한복음 1장에서 빌립과 안드레는 예수님을 처음 만났을 때 메시아로 알았는데 동네에 들어가서는 "와보라"라는 전도 한마디 못하고 "먹을 것만 사들고 와서 선생님 식사하세요"라고 했다.

요한복음 13장 13절에서도 선생님이라고 불렀다고 적혀 있다. 갈수록 믿음이 식었다. 사도와 제자들은 주님의 부활 승천을 보고도 멍멍했다가 오직 오순절 성령강림 후 복음을 외칠 수 있었다.

복음 전도로 참된 인권 회복 운동을 하자. 그리스도의 복음을 바로 알지 못하면 종교 생활이나 기복신앙으로 끝난다.

지금도 율법을 읽고 탈무드를 읽는 유대인들은 예수를 잘못된 랍비 정도로 생각하고 주님을 욕한다. 그리고 유대인들이 회당에서 선지서를 공부하는 시간에 혹 누군가 예수 이름을 들먹이면 랍비가 호통을 친다는 것이다. 성경공부 할 때 복음 공부에 집중하라.

(6) 하나님은 지금도 수가동 여자처럼 "와보라" 외치는 자를 찾으신다

"아버지께서는 이렇게 자기에게 예배하는 자들을 찾으시느니라"(요 4:23)

수가동 여자처럼 "와보라" 외치는 자를 찾으신다. 교회에서 예배를 잘 드리는 신자를 찾는다는 말이 아니다. 수가동 여자처럼 나가서 외치는 전도자를 찾으신다는 뜻이다. 수가동 여자의 외치는 소리가 아버지를 기쁘시게 하는 영적예배가 되었고 주님도 기뻐하셨다.

요한복음 4장의 예배 단어는 교회당 예배를 부탁하신 말씀이 아니다.

신령한 복음전파를 명령하신 것이다.

수가동 사람들이 여자가 외치는 "와보라. 와보라" 한두 마디 듣고 나오겠는가? 아마 수가동 사람들은 "저 못된 것이 미쳤나?" 했을 것이다. 그러다가 "이상하다. 무슨 일이 일어난 것이 분명하다" 생각하고 하나둘 밖으로 나와 우물가로 몰려왔고 많은(many) 사람들이 이 여자로 인하여 예수 그리스도를 보게 되었고 그 후 주민들은 수가동 마을회관에서 예수님을 모시고 이틀 동안 말씀을 들으면서 더 많은(many more) 사람들이 그리스도를 믿고 영접하게 되었고 그 후에 그들은 이렇게 말했다.

"이제 우리가 믿는 것은 네 말을 인함이 아니니 이는 우리가 친히 듣고 그가 참으로 세상의 구주신 줄 앎이니라 하였더라"(요 4:42)

이처럼 누구든지 예수를 직접 만나서 그리스도를 확신하는 것이 중요하다.

누군가에게서 예수 이름만 소개를 받는 1단계가 있고, 개인적으로 예수를 만나고 확신하는 2단계, 복음을 전하는 3단계가 있다. 주님은 수가성 여자를 통하여 전도하게 하셨다. 물론 주님도 직접 전도하셨다.

"우리가 가까운 다른 마을들로 가자 거기서도 전도하리니 내가 이를 위하여 왔노라"(막 1:38)

주님은 한 여자를 전도하시고 그 여자가 다른 많은 사람들을 전도하게 하셨다. 지금도 주님은 우리를 통하여 전도하시기를 원하신다. 이것이 우리에게 큰상을 주시려는 은혜와 축복의 방법이다.

(7) 성경에 복음을 전파하라는 명령은 있어도 예배드리라는 명령은 없다

"오직 성령이 너희에게 임하시면 너희가 권능을 받고 예루살렘과 온 유대와 사마리아와 땅끝까지 이르러 내 증인이 되리라"(행 1:8)

"너희는 온 천하에 다니며 만민에게 복음을 전파하라"(막 16:15)

이것은 주님의 명령이요 축복이다. 그래서 사도들은 주님의 명령만을 생각하고 복음전파에 총력을 집중했다. 복음전파는 주님이 마지막으로 우리에게 주신 명령이요 사명이다.

"순종이 제사보다 낫고 듣는 것이 수양의 기름보다 나으니"(삼상 15:22)

주님 명령에 순종하여 전도하는 것이 제사나 예배보다 더 중요하다는 말씀이다. 요한복음 4장 그대로 지금 나가 전도하는 것이 참된 헌신 봉사요 신령한 예배다. 신령한 예배는 예배를 통하여 하나님의 임재를 경험하고 주님을 만나고 성령의 역사를 체험하는 것이다. 우리가 길거리에 나가서 전도하면 성령의 임재와 역사를 쉽게 체험한다.

예수님은 사도들에게 "모여 예배드려라" 하지 않으셨다. 그러나 제자들은 다락에 모여 기다렸다. 오순절에 갑자기 성령이 임했다. 그리고 나가서 복음을 전했다.

그리스도인은 주님의 소원이 무엇인지를 알아야 한다. 주님의 명령에 순종하여 나가 전도를 통해서도 신령한 영적 예배를 드려야 한다.

"열두 사도가 모든 제자들을 불러 이르되 우리가 하나님의 말씀을 제쳐놓고 공궤(식사 대접)를 일삼는 것이 마땅치 아니하니 우리는 오로지 기도하는 일과 말씀 사역에 힘쓰리라 하니"(행 6:4)

사도들의 할 일은 기도와 전도였다.

헬라어로 교회는 "에클레시아"라 불린다. 이는 불러냄을 받은 자들의 모임 공동체라는 뜻이다. 모여서 성찬의 떡과 포도주를 나누고 기도하고 말씀 공부를 하고 찬송하고 세상으로 나가 복음을 전파했다.

오늘의 교회도 한 주에 두, 세 번씩 예배로 예배당에 모일 때 주님의 소원인 전도에 힘썼으면 좋겠다. 복음을 활성화하고 복음을 전하는 그리스도인을 만들어야 한다.

구약의 율법은 제사와 예물을 드리는 종교였지만 신약의 복음은 받아 누리는 은혜의 선물이다(요 3:16).

하나님의 사랑을 받고 독생자를 받고 생수를 마시고 성령을 받고 구원을 받고 권능을 받고 선물을 받고 떡과 잔을 받아 마시고 명령과 사명을 받고… 받고 또 받고 나가서 전도해야 한다. 성도들이 교회강단의 설교와 기도를 통하여 은혜를 받고 구원의 확신을 받고 말씀을 받아 사명을 받고 땅끝 전도에 헌신해야 한다.

지금 하나님은 자기 몸으로 거룩한 산 제사를 드릴 헌신 봉사하는 전도사 선교사를 찾으신다. 하나님을 기쁘시게 하는 역전 사거리 예배자를 찾기도 하신다.

주님은 "나를 기념하라" 하셨다(눅 22:19).

교회에서 성찬식을 하는 것이 성경적이다. 왜냐면 그 속에 복음이 담겨 있기 때문이다. 먹고 마시고 찬미하며 갔다는 말이 신약성경에 여러 곳 나온다(행 2:42,46).

"주님은 떡과 포도주를 받고 즉 영의 양식을 먹고 나가서 복음으로 주님을 섬기는 전도하는 영적 예배자를 찾으신다"(눅 22:19) 하셨다. 함께 참여하고 먹고 즐거워하라(요 4:35-38). 이것이 떡과 잔을 통하여 주님의 살과 피를 나누는 거룩한 친교요 복음 잔치다.

예수님도 "나를 보내신 아버지의 뜻을 이루어 드리는 것이 나의 양식이다"라고 하셨다(요 4:34, 6:40). 주님은 지금 밭이 희어져 추수하게 되었다. 이 말은 영혼의 추수 때가 지금이라는 말이다. 세상 농사처럼 넉 달을 기다리는 것이 아니고 지금 뿌리고 지금 거둘 수가 있다 하셨다. 영혼의 추수는 지금 당장 1년 열두 달 언제든지 할 수 있다.

(8) 수가동 모임은 주님의 신부인 교회다

밤중에 소리가 나되 "보라 신랑이로다 맞으러 나오라"(마 25장) 외치는 신부의 목소리를 주님께서는 기뻐하신다. 여인은 물동이를 버려두고 "그리스도가 오셨다. 와보라" 외치는 신부교회의 복음 전도자가 되었다. 우리도 하던 일을 멈추고 물동이를 버려두고 동네로 달려나가 복음을 전해야 한다.

하나님이 천국 잔치를 준비하고 종들을 보내어 초청하고 "아무나 와도 좋다"고 알렸다. 돈이 없어도 와서 값없이 떡과 포도주를 받으라고 했다. 아버지께 참으로 예배하는 자는 밖에 나가서 사람들에게 하나님의 은혜와 사랑의 복음을 나누어 주는 이웃을 섬기는 것이다. 내 것은 하나도 없다. 다 하나님의 것으로 한다. 당신이 은혜를 받았으면 나가서 복음을 전해야 한다. 말씀 듣고 확신하면 나가서 주님의 이름을 부르고 외치고 전도현장의 영적 예배를 드려야 주님의 신부다.

(9) 수가동 여자는 천국에서 별처럼 빛날 것이다

요한복음은 다른 세 복음서와 많이 다르다. 우리는 사도 요한을 통하여 수가동의 신령한 예배 전도학을 배웠다. 예수님은 여기서 죄 많은 사람을 찾아 구원하시려 이 세상에 오셨다는 것을 확인시켜 주셨다. 주님은 죄와 상관없다는 사람보다 상관이 많다는 사람을 찾아 만나 전도자로 봉사자로 사용하신다.

주님은 사람들의 상상을 넘어 윤락여성을 변화시켜 전도자로 사용하셨다.

"너희는 온 천하에 다니며 만민에게 복음을 전파하라"

이 말씀에 순종하는 것이 헌신예배다. 야고보도 "행함이 없는 믿음은 죽은 믿음이다" 하셨다. 이 말은 '전도하지 못하면 죽은 믿음'이라는 말도 된다. 구약시대는 양을 죽여서 죽은 제사를 드렸다. 그러나 주님은 자기 산 몸으로 단번에 십자가에 달려 영원한 산제사를 드렸다. 하나님도 우리가 살아 있는 내 몸을 드리는 생활 전체로 헌신하고 전도, 봉사하는 산제사를 원하신다.

예수님도 누가복음 10장 선한 사마리아인의 비유에서 새 계명으로 하나님 사랑, 이웃 사랑을 강조하셨다. 어떤 사람이 예루살렘에서 여리고로 내려가다가 강도를 만나 벗기고 맞아 거의 죽게 되어 쓰러져 있는데 제사장도 피해가고 레위인도 그랬지만 사마리아인은 여행 중에 강도를 만난 자를 나귀에 실어 주막에 데리고 가서 치료해 주었다. 제사장 레위인은 예루살렘 성전에서 예배하고 돌아가는 종교인이었다. 그러나 신령한 참 예배자는 사랑을 실천한 사마리아인이다고 주님이 말씀하셨다.

로마서 12장은 이웃과 형제에 대한 사랑과 헌신과 섬김이 크리스천의 바른 생활이며 영적 예배라고 말씀한다. 복음을 위하여 헌신하고 순교하는 그 순간이 마지막 헌신예배다. 스데반 집사님이 전도하다가 마지막 헌신예배를 드리고 올라가서 별처럼 빛나고 있다.

어느 날 공항 터미널에서 손님을 기다리고 있었다. 공항 터미널 건물 안에서는 담배를 피울 수가 없다. 문에서도 5m 정도 떨어져서 피울 수 있다. 공항에서 일하는 여직원이 밖으로 나와 담배에 불을 붙이고 심각하게 빨아 마시는 장면을 보고 있었다. 그런데 성령님이 "저 여자에게 전도지를 갖다 주라"고 하셨다. 바리게이트가 막고 있어서 건너갈 수 없었다. 할 수 없이 여자를 향해 손짓한 후 전도지를 주면서 "하나님이 당신에게 주는 것이다"라고 하자 그녀는 받아들고 갔다.

전도 쉬지 말고 하자

"성전에 있든지 집에 있든지 예수는 그리스도라 가르치기와 전도하기를 쉬지 아니하니라"(행 5:42)

전도하다가 쉬거나 빠지거나 중단하면 다시 시작하기 어렵다. 전도는 한 번 쉬고 두 번 쉬면 다시 하기 어렵다. 그래서 사도행전은 어디에 있든지 전도하기를 쉬지 아니했다고 말한다. 시작하면 계속하는 것이 좋다. 같은 장소와 같은 시간에 정기적으로 나가 전도하는 습관을 만들어야 한다.

한 번은 여자 셋, 남자 한 명을 태우고 15분 거리의 야외 파티장으로 가는데 내 옆에 약간 뚱뚱한 백인 여자가 탔다. 그녀는 창밖만 내다보고 있었다. 그래서 "어딜 그렇게 보세요. 이것 좀 보세요"라며 대롱대롱 달린 전도 박스를 가리켰다.

"예수 믿으세요?"

"아니요."

"성경은 읽어보셨어요?"

"옛날에 조금요."

"결혼하셨어요?"

"아니요."

"몇 살이에요?"

"스물네 살이요."

"결혼 할거예요?"

"네."

"그럼 올해는 남자 친구를 꼭 만나세요. 그런데 술집에서 술꾼을 만나면 안 됩니다."

"저도 술꾼은 싫어요."

"그러면 교회에 가서 좋은 크리스천 청년을 만나세요. 그래야 행복한 인생이 됩니다. 성경책 갖고 있으세요?"

"아니요."

"교회 목사님께 부탁하면 주실 거예요. 꼭 교회 가세요."

"네, 그러겠습니다"

우리의 대화를 들은 남자 승객들이 킥킥대며 웃었다. 내릴 때 전도지를 접어서 주며 "지갑에 꼭 넣고 다니며 읽으세요"라며 "내 말을 명심하세요"라고 했더니 팁을 듬뿍 주고 내리면서 "I will never forget today(나는 오늘 일을 절대로 잊지 않겠습니다)"라고 한다. 그녀의 뒷모습이 참으로 예뻐 보였다.

무조건 전도하라

"너는 말씀을 전파하라 때를 얻든지 못 얻든지 항상 힘쓰라"(딤후 4:2)

기회가 없든지 분위기가 나쁘든지 포기하지 말고 전도해야 한다.

'오늘은 비가 와서 또는 눈이 와서 못 하겠다. 다음에 하자. 너무 추워서 또는 너무 더워서 못 하겠다' 이것은 사탄이 주는 생각일 수도 있다.

"항상 기뻐하라. 쉬지 말고 기도하라. 범사에 감사하라. 이는 그리스도 예수 안에서 너희를 향하신 하나님의 뜻이니라"(살전 5:16-18)

성경은 "항상 기뻐하라" 하셨다. 항상 하하하 웃으면서 살라는 것이 아니라 구원받은 은혜가 감사하고 만유보다 크신 하나님을 알고 천국을 알고 하늘의 영광을 바라보며 기쁨으로 전도하며 자랑하며 살라는 것이다. 사람이 많이 모인 곳을 찾아가서 예수 믿는 것을 자랑하고 산 위에 올라가서 외치자는 것이다. 하박국 선지자가 사슴처럼 높은 곳에 올라가서 나의 구원의 하나님을 인하여 기뻐하는 것처럼 살라 하셨다.

어느 날 공항 터미널에서 손님을 기다리다가 갑자기 창문을 열고 소리를 치며 전도한 적이 있다.

"여러분 예수를 믿어야 합니다. 그렇지 않으면 지옥갑니다."

지나다니는 사람들을 향해 한참을 외쳤다. 내가 의도했던 것도 아닌데 갑자기 외친 것이다. 아마도 그날 거기에서 전도 소리를 꼭 들어야 할 사람이 있었던 모양이다.

3

땅끝을 찾는 사람들

예수님은 장터, 바닷가, 들판, 호숫가, 우물가, 사거리 어디든지 다른 동네로 옮기며 사람을 찾아다니셨다(마 22:9). 예수님이 이스라엘 전국을 돌아서 전도하신 것도 제자들을 교육시키기 위함이셨다. 지금 우리도 학교, 직장, 역전 사거리, 버스 정거장, 열차 안, 버스 안, 아니면 길거리, 장터, 공원 어디든지 생각나는 대로 간다.

예수 그리스도의 복음으로 땅을 정복해야 한다.

걸어 다니는 것은 건강에도 좋다. 온 천하를 다니며, 우리 동네를 다니며 복음을 전하는 사람이 최고의 전도자다. 하나님은 복음을 위하여 걷는 자를 축복하신다. 시내 거리 골목 산비탈 시골 어디든 가서 사람을 데려다 "내 집을 채우라"(눅 14:21-23) 하셨다.

개척교회를 시작하는 목회자는 교회당을 채우려는 사명으로 하루종

일 돌아다니는 전도자를 축복하신다. 베드로와 사도들이 오순절 날에 예루살렘 시내 한복판에서 예수 복음을 외쳤다(행 2:14). 빌립 집사는 각 성과 동네를 다니면서 전도했다(행 8:40).

"지혜가 길머리에서 부르며 광장에서 소리를 높이며 훤화하는 길머리에서 소리를 지르며 성문 어귀와 성중에서 그 소리를 발하여 가로되 너희 어리석은 자들은 어리석음을 좋아하며 거만한 자들은 거만을 기뻐하며 미련한 자들은 지식을 미워하니 어느 때까지 하겠느냐 나의 책망을 듣고 돌이키라 보라 내가 나의 신을 너희에게 부어주며 나의 말을 너희에게 보이리라"(잠 1:20-23)

이렇게 구약시대 선지자들도 길거리 광장 성문에서 하나님의 말씀을 외쳤다. 역전 광장에도 외치는 자들이 보인다. 당신의 눈에는 뭐가 잘 보이는가? 전도자의 눈에는 전도자가 잘 보인다.

사거리에서 복음을 외칠 수 있는 미국은 정말 복된 나라다.

복음을 전하기 어려운 곳 나라도 많기 때문이다. 멀리 외국으로 갈 것 없이 동네에서 전도하는 것이 가장 효과적이다. "멀리 가서 이방 사람 구원하지 못하나 내 집 근처 다니면서 건질 죄인 많도다"라는 찬송가가 있는 것처럼 말이다.

한국에도 복음을 모르는 사람이 너무 많다. 그럼에도 어떤 이들은 땅 끝 전도를 위해 멀리 외국으로 간다. 주님이 보내시면 가야 한다. 그런데 어느 경우는 옆집, 뒷집도 땅끝이 될 수 있다. 요즘 서울 명동에는 중국인뿐 아니라 외국인 관광객이 무척 많다고 들었다. 중국어 전도지를 구해 전도한다면 중국에 가서 하는 것보다 열배는 효과적일 거라고 생각한다. 중국에서는 전도지 전도를 못한다.

모이는 교회가 있는가 하면 흩어져 전도하는 주말 교회가 있다. 전도하는 교회를 만들어야 한다(행 8:4). 교회당보다 사거리 복음을 설교할 수 있는 전도자도 필요하다. 주일마다 예배 후 시내 사거리로 나가면 수천 명, 수만 명이 듣도록 설교나 전도할 수 있다. 교회당에 모인 사람들보다 길거리 사람들에게도 말씀이 필요하다. 교회 문을 열어 놓고 들어 오기를 기다리지 말고 사거리교회를 운영해야 한다. 우리가 나가서 만나야 한다고 생각한다. 언젠가는 우리가 평양 거리로 나가 외칠 수 있도록 준비해야 한다.

택시를 운전할 때마다 찬송 CD를 틀어놓는다. 마침 CD가 다 돌아가서 노래가 멈추었을 때 손님이 타면 찬송가를 틀기가 어색할 때가 있다. 틀까? 말까? 망설이면 성령님이 강하게 "무조건 틀어라"고 하신다. 그러면 튼다.

우리는 어떤 상황에서도 기회를 잡아야 한다. 무조건 예수, 무조건 전도다. 예수 안 믿으면 무조건 지옥행이다. 때를 얻든지 못 얻든지 항상 힘써야 한다. 항상 지금이 기회다. 예수 복음을 말할 때 상대를 보고 판단하지 말고 무조건 말해야 한다. 전도는 주님의 명령이다.

전도하고 싶어도 전도 못 하는 사람은
① 하루 30분씩 "전도의 능력을 주소서" 하며

큰소리로 기도를 시작하라.

② "성령의 충만을 주소서. 전도자가 되기를 원합니다"라고
　소리쳐 기도하라.

③ "주님의 사랑이 나를 강권하시고 주님을 사랑하는
　뜨거운 마음을 주시고 길거리의 영혼들을 불쌍히 여기는
　마음을 주소서"라고 기도하라.

④ 전도지 20장 정도 준비해 사거리로 나가라. 하나님이 인도하신다.

퇴근 시간에 30대 남자를 태웠다. 그는 차 안의 전도 사인을 보고 "참 좋다"며 "찬송을 들으니 마음이 편안하고 평화롭다"고 했다.

"당신 크리스천이세요? 교회 잘 다니세요?"

"가끔 갑니다."

"성경은 자주 읽으세요?"라고 물으니 갑자기 목소리가 떨리면서 울음 섞인 목소리로 "성경은 어머니가 갖고 계셨는데 6년 전에 돌아가셨어요. 성경을 볼 때마다 어머니가 줄치며 공부하신 흔적이 보이는데…. 어머니가 보고 싶어요"라고 했다.

"날마다 성경을 읽으세요. 예수님 잘 믿고 천국에 가야 그곳에 계신 어머님을 만날 수가 있습니다."

그리고 그에게 좋은 성경 구절이 적힌 전도지를 주었다. 그가 내린 후 "나의 사랑하는 책 비록 헤어졌으나"라는 찬송이 생각났다.

크로스비(Crosby) 길에서 약간 뚱뚱한 백인 여자를 태웠다.

"크로스비가 누구인지 아세요?"

"모르는 대요."

"크로스비는 유명한 찬송가 작사가인데 맹인이었습니다. 당시 좋은 찬송가를 많이 쓰고 신앙이 좋은 여자로 유명했는데 당시에는 에브라함 링컨보다 인기가 더 많았습니다. 'Pass me not O gentle Savior(인애하신 구세주여)'라는 찬송을 아십니까? 그것을 쓴 사람이 바로 크로스비입니다."

"아, 그렇군요. 저도 그 노래 좋아해요."

택시에서 내릴 때 미니 성경을 주었더니 "고맙다"며 가다가 고개를 돌려 손을 흔들었다.

"내 집을 채우라"(눅 14:23)는 말씀이 있고 "네 입을 넓게 열라 내가 채우리라"(시 81:10)는 말씀도 있다. 교회당을 채우기 전에 입부터 크게 열고 말씀으로 채워야 한다. 입을 넓게 열라는 말씀은 나가서 외치라는 말씀이다. 하나님의 진리의 말씀을 많이 먹고 채워서 나가 말씀을 전파하라는 뜻이다. 그리하면 하나님이 교회당을 채워 주신다는 말씀이다.

담임 목사님의 사거리 전도는 내 집을 채우는 일과 직접적인 관계가 있다. 그리고 사거리에서의 외침은 교회 강단설교를 뜨겁게 만든다. 목사가 모범을 보이면 쉽게 교회 설교에 은혜를 받는다. 목사가 사거리에서 전도하는 것을 성도들이 알면 목사님을 더욱 존경한다. 성도들이 전도하기 시작하고 교회가 살아 움직인다.

당신의 열심이 하나님을 감동시키고 제2, 제3의 방법으로 하나님은 당신의 목회를 도우시고 교회를 채우신다. 또 교인들도 길거리 전도를 하다가 옛 친구를 만나고 친구를 감동시켜 쉬고 있던 교회를 다시 나오게 한다. 길거리에 나가서 전도하는 일은 사람을 만나는 일이며 모두 내 교회를 채우는 일이다. 나가서 외치고 전도하기를 시작하면 하나님이 당신의 입을 성령으로 채우시고 말씀으로 채우시고 교회를 사람으로 채우신다(시편 107:9).

"말씀이 네게 가까와 네 입에 있으며 네 마음에 있다"(롬 10:8) 하였다. 머릿속에 있는 말씀은 생각해서 나오기까지 시간이 걸려서 나올 때쯤이면 이미 기회가 지나갔다.

"또 나를 위하여 구할 것은 내게 말씀을 주사 나로 입을 벌려 복음의 비밀을 담대히 알리게 하옵소서 할 것이니"(엡 6:19)

목사의 입에는 복음의 말씀이 항상 담겨 있어야 한다. 그래야 아무 때나 담대히 외칠 수가 있다. 그런데 어떤 남자는 입만 열면 욕이 나온다.

공항 터미널에 손님을 내려 드리고 택시 대기소로 들어왔다.

날씨가 좋아서 사람들이 그늘 밑에 서서 떠들고 있고 많이 걸어 다녔다. 나는 전도지를 들고 나가서 외치고 전도지를 돌렸다. 그리고 차로 돌아와 전도용 피켓이 크고 무거운 것 같아서 가벼운 플라스틱으로 만들고 있었다. 이때 파키스탄 운전사가 다가오더니 "이것이 무엇이냐?"고 물었다. 사인 판을 똑바로 세워 보여 주며 "천국과 지옥이 있다"고 하자 "천국과 지옥이 있다는 것을 증명해 보여라"고 한다. 무슬림은 항상 "증명해 보라"는 수법을 쓴다.

우리는 성경 말씀으로 증명하면 된다. 성경을 펴서 보여주었더니 "고 맞다"며 "모든 종교가 한 하나님을 믿는 것이 아니냐?"고 질문했다. "아니다. 종교가 다르면 하나님도 다르다. 종교마다 경전이 다르듯 하나님도 다르다. 오직 예수만이 길이요 진리요 생명이다"라며 전도지를 주면서 "읽고 또 읽어라"고 했다.

전도자는 오직 예수 오직 성경만 말해야 한다(벧전 3:15). 종교인들이 "길은 다르지만 결국 목적지 모두 천국에 가는 것"이라고 생각한다. 이것이 무식이며 착각이다.

초대교회는 사도행전 2장 다락방에서 시작했다. 예루살렘 길거리 광장 설교로 거리에서 복음을 듣고 수천 명의 신자가 생겨났고 헬라파, 히브리파가 생겼고 분쟁하고 다투고 싸워 교회는 7집사를 선출했다. 그후 스테반 집사가 돌에 맞아 죽으면서 유대 종교지도자들은 살기 등등해 예루살렘교회 핍박이 본격화됐고 헤롯왕이 야고보를 죽이고 베드로를 옥에 가두고 천사의 도움으로 베드로가 탈출하면서 사방으로 흩어진 성도들이 전도하면서 선교의 중심이 안디옥에서 만들어졌다.

예루살렘교회에 큰 핍박이 일어난 것도 주님의 섭리로 성도들을 흩어지게 하셨다. 세상으로 흩어져 전도하라는 것이다. 어떤 목사는 큰 교회당에서 설교하기를 원한다. 그러나 교회 강단이 없으면 사거리 교회 담임목사를 하면 좋다. 역전 앞 광장 강단은 수만 명이 모이는 대형교회가 될 수 있다. 사거리 전도자는 이사야처럼 "주여 나를 보내소서"하고 자원하면 된다.

주님께서 시몬 베드로의 신앙고백 뒤에 "너는 베드로라 내가 이 반석 위에 내 교회를 세우리니" 하셨고 그 후 주님이 부활하신 후 디베라 호숫가에서 "내 양을 치라"는 부탁은 오직 한 사람 베드로에게만 하셨다(요 21:16). 그리고 다른 사도들은 "땅끝까지 가서 복음을 전파하라"는 명령을 받은 것이다. 이것이 주님의 소원을 위한 주님의 뜻이다.

왜 신학교만 졸업하면 모두가 교회를 세우고 목회만 하려고 하는가?

베드로처럼 주님으로부터 "내 양을 치라"는 특별한 부탁을 받았는가? 사람들이 잘못 알고 있다. 누구나, 아무나, 신학교를 졸업하면 목회하는 것이 아니다. 초대교회는 베드로만 예루살렘에 남아 교회를 돌보고 다른 사도들은 모두 유대를 떠나 외국으로 나가 전도자로 전도하다가 요한을 제외하고 모두 순교한 것이 사도들의 행적 조사에 나온다.

신학을 졸업하면 전도사, 선교사로 국내외 어디서든 전도하면 된다. 땅끝 전도 선교가 주님의 명령이다. 선교 전도할 때는 목사 안수증이 필요없다. 전도 하다가 주님이 찾아오셔서 당신에게 "내 양을 치라" 하시면 그때 목사 안수를 받고 목회하면 된다.

뜨거운 날씨에 워터 타워 앞에서 "예수 안 믿으면 지옥간다"고 외치자 한 백인 남자가 "I like hot.(나는 뜨거운 것이 좋다)"라며 지나갔다. 지옥은 그냥 뜨거움(hot)이 아니다.

큰딸이 사는 버지니아에 갔다가 사위의 안내로 'Ray's Hell Burger'라는 유명식당에 갔다. 식당 이름에 지옥을 뜻하는 Hell이 들어있다. 지옥이란 이름의 식당에서 맛있는 햄버거를 먹으니 사람들은 지옥이 무서울리가 없다. 따뜻하고 맛있는 햄버거를 먹는 곳이 지옥인 줄로 착각하게만드는 그야말로 사탄의 속임수다.

성경은 음식에 소금을 쳐 기름에 튀기는 것처럼 불로서 소금치는 곳이 지옥이라고 표현하고 있다. 지옥은 계속 죽는 고통의 장소지만 죽지못한다(막 9:49). 세상에서는 상상도 하지 못할 만큼 고통받는 곳이다. 성경을 모르는 무식한 자들은 지옥을 오늘날의 감옥 정도로 생각한다. 그래서 자기 입으로 "나는 지옥 간다"는 말을 쉽게 한다. 혹자는 지옥은 없다고 믿는다. 그런 이들은 성경 말씀을 모르는 것이다. 성경을 안다면 그런 소리를 하지 못한다.

은퇴 목사님도 주일마다 교회에 가서 초라하게 앉아 있지 말고 걸거리 강단에 서는 것이 좋다고 생각한다. 은퇴하신 목사님이라고 해서 사명이 끝난 것은 아니다. 우리는 죽을 때까지 천국과 지옥을 외쳐야 한다. 역전 앞에서 한 시간만 외쳐도 수천 명이 복음을 듣는다. 회개하고 예수믿는 사람, 교회를 쉬고 있다가 다시 나가는 사람, 불신자의 마음이 흔들리고 수많은 사람이 감동받고, 스트레스도 받고, 부담을 안고, 성경을 찾고, 교회를 찾고, 예수님을 찾게 될 것입니다.

예수님도 초기에 나사렛회당에서 이사야 성경을 펴놓고 읽으시며 "이성경이 오늘 성취되었습니다"라고 말씀했을 때 사람들은 잘못한 것 없는 예수님께 욕을 하고 삿대질을 하고 회당에서 내쫓고 벼랑 낭떠러지로 밀고 가서 밀쳐 죽이려 했다. 하지만 예수님은 무리의 중앙을 뚫고 지나 가버나움으로 가셨다. 이때부터 주님은 전도를 회당에서 하신 적도 있지만 주로 길거리, 바닷가, 호숫가, 산울가, 장터나 빈들, 산에서 설교를 하셨다.

어느 들판에서는 수만 명이 모였다(눅 12:1). 교회 강단설교는 매주 매시간 다른 설교를 해야 하지만 역전 설교나 사거리 설교는 같은 설교를 십 년 동안 해도 "왜 지난주에 하신 설교를 또 하십니까?"라고 항의하는 사람이 없다. 왜냐면 날마다 새로운 관중이 모이고 흩어지는 길거리 광장교회이기 때문이다. 순종하여 사거리로 가기만 하면 설교 말씀은 성령님이 주신다. 그래서 야외 전도가 곧 신령한 예배다.

"내가 진실로 속히 오리라"

주님의 약속은 전도를 통하여 이루어진다. 마지막 한 사람을 전도하다가 하나님의 나팔소리를 듣게 된다. 사거리 현장교회 설교자가 10년만 외치면 수천 명을 주님께 인도할 수 있다. 나는 마이크를 어깨에 메고 한 구역 이상 들리도록 크게 외친다. 누구든지 한번 해보면 그 위력을 경험하게 된다.

길거리 전도를 하다보면 사람들이 은혜받는 것이 눈에 보인다. 대형 교회 목사님을 부러워하지 말고 전도지를 만들어 강남역 사거지 설교자가 되어 외치면 된다. '종로5가 사거리 담임목사 000'이라는 사인 판을 만들고 전도지를 만들어 10년을 한다면 세상에 아무것도 부럽지 않다.

그렇다면 명동거리 담임목사는 어떨까? 일단 자비량 전도를 해야 한다. "거저 받았으니 거저 주어라"(마 10:8)는 주님의 말씀을 실천하면 된다. 복음을 전하며 주님께 "주십시오"하면 누르고 흔들어 넘치도록 안겨주실 것이다.

> "주라 그리하면 너희에게 줄 것이니 곧 후히 되어 누르고 흔들어 넘치도록 하여 너희에게 안겨 주리라 너희가 헤아리는 그 헤아림으로 너희도 헤아림을 도로 받을 것이니라"(눅 6:38)

사도행전 1장 8절에서는 전도는 점진적, 단계적으로 해야 한다고 말한다. 즉 가까운 곳에서 먼 곳으로 이동하라는 것이다. 성경은 교회를 세우라는 말씀보다 "전도하라 전파하라 증인되라"는 말씀으로 가득 차 있다. 교회 세우는 것이 먼저가 아니고 전도가 먼저다.

주후 70년에 성전이 파괴되고 유대인은 디아스포라가 되었다.

이것이 하나님의 선교 방법이다. 예수 이름으로 모이면 기도하고 주님을 기념하여 성찬으로 떡과 포도주를 나누고 흩어지면 전도하는 것이 당시 초대교회였다. 그리고 예수님이 베드로에게 말씀한 교회는 건물이 아니고 세계적인 예수공동체를 의미한다.

4

신약은 모두 복음서다

복음(The Gospel)의 주체는 하나님(롬 1:1)과 예수 그리스도(막 1:1)와 성령이시다(행 1:8). 성경에 좋은 소식(눅 2:10)이 복음(눅 20:1)으로 바뀐다. 굿 뉴스가 가스펠로 바뀐 것이다.

복음이란 단어는 마태복음에 천국 복음이 3번, 마가복음에는 예수 그리스도의 복음 하나님의 복음으로 7번, 누가에 하나님 나라의 복음으로 6번 나오지만 요한복음에는 복음이란 단어가 없다. 그러나 요한복음 3장 16절은 왕복음(요 1:12, 1:17, 5:24, 14:6, 계 14:6)이며, 성경 전체가 영원한 복음이다.

바울서신에 복음이란 단어가 72번 나온다. 바울이 십자가의 복음을 사랑하여 다양하게 설명했다. 은혜의 복음(행 20:24), 그리스도의 복음(갈 1:7), 구원의 복음(엡 1:13), 평안의 복음(엡 6:15), 영광의 복음(고후 4:4), 능력의 복음…이다(롬 1:16, 고후 5:17).

로마제국 역사에 나타난 나사렛 예수는 갈릴리 바닷가, 사마리아, 유대, 예루살렘, 가버나움, 여리고, 벳새다, 베다니와 온 이스라엘 땅을 3년 동안 돌며 역사적 발자취를 남기고 십자가에 죽으시고 부활 승천하셨다.

우리는 역사적 예수를 전해야 한다.

빌라도 보고서를 읽어보면 성경보다 더 자세히 당시의 상황을 알 수 있다. 그런데 어떤 사악한 자들은 예수님의 역사를 신화적인 전설로 만들려고 한다. 그래서 우리는 더 열심히 십자가를 사랑하고 십자가의 도를 전파해야 한다. 십자가는 예수님과 교회의 상징이며 예수 그리스도의 십자가 없이는 구원도 없다. 십자가를 치워 버린 교회는 주님의 교회가 아니다. 십자가는 구원의 능력이다. 십자가를 보면 예수 그리스도가 생각나야 한다.

예수님이 십자가를 지시고 죽으심으로 우리의 죄를 다 담당하시고 우리의 죄값을 100% 완불 청산하셨다.

미국에서는 완불하게 되면 영수증에 'Paid in full'이라는 도장을 찍어준다. 나는 요즘 택시 뒤에 붙어있는 십자가 밑에 이 도장을 크게 확대해서 붙였다. 그리고 미국 전도지 중에 이 도장이 찍힌 전도지를 주문해서 많이 돌렸다.

어느 주일날 워싱톤 D.C.에서 온 큰딸 가족과 함께 오랜만에 윌로크릭 교회에 갔다. 설교가 끝날쯤 한 청년이 나와 죄를 이야기하며 전광판 유리 스크린에 손바닥으로 붉은 페인트를 칠하고 화난 얼굴로 노란색과

검은색 페인트를 칠하니 스크린이 엉망이 됐다. 그런데 그 밑에 "주께서 나를 씻기소서 내가 눈보다 희리이다"(시 51:7)라는 성구가 나왔다.

곧이어 스크린에 흰 눈이 내리자 한 남자가 나와서 약을 뿌리고 유리 닦는 기구로 스크린을 말끔히 닦아냈다. 그 순간 가수가 등장하며 찬송을 불렀다.

"나의 죄를 씻기는/ 예수의 피 밖에 없네/ 예수의 흘린 피 날/ 희게 하오니/ 귀하고 귀하다/ 예수의 피 밖에 없네"

모두 일어나 박수를 치며 눈물을 닦으며 예배가 끝났다. 너무도 감동적인 시간이었다.

주님과 바울, 베드로, 안드레, 요한, 야고보, 바들로매, 다대오, 도마, 마태, 빌립, 시몬, 유다 등 12사도들 모두 유대인들이다. 십자가 복음은 유대인 예수 그리스도를 중심으로 시작해 이방 서쪽 마게도냐, 유럽 등을 돌아서 영국, 미국 선교사들의 발로 1,800년이 걸려서 한국에 도착했다. 그래서 지금 한국 서울 밤하늘에 십자가 꽃이 활짝 피었다.

한 번은 서울을 방문했다는 미국인이 택시를 탔단다. 그는 호텔에서 밤하늘 서울 시내를 바라보면 "온 시내가 하얀, 빨강 십자가 꽃으로 아름다운 서울을 보았다"고 말했다. 교회가 많고 좋았다는 이야기다. 사명으로나 경쟁으로나 전파되는 것은 그리스도니 바울의 말처럼 기뻐할 일이다(빌 1:15-18). 그런데 서울에 다녀온 어떤 사람은 "서울시의 야경이 공동묘지 같더라"고 부정적으로 말했다는 것이 기독교 방송에서 흘러나왔다. 한국교회가 너무 상업적이고 십자가가 너무 많다는 부정적인 이야기였다는 것을 듣고 방송국에 전화해 책망한 적이 있다. 똑같은 십자가가 어떤 이에게는 그리스도의 향기로 다가오고 어떤 이에게는 사망의 냄새로 역겹게 느껴지는 모양이다.

크리스천은 십자가를 사랑한다. 특히 나는 언제 어디서나 십자가 모자를 쓰고 다닐 만큼 십자가를 좋아한다. 전도 나갈 때만 쓰는 것이 아니고 언제나 십자가 모자는 내 모자다(고전 1:31). 전도지를 돌리는 전도자도 색깔이 분명해야 한다. 그냥 나가서 전도지를 돌리면 상품광고 하는 사람인지 보험회사 직원인지 알 수가 없다. 사람들이 전도인 것을 분명하게 알 수 있도록 표나게 해야 한다.

요즘 젊은이들은 모자를 많이 쓴다. 스포츠 모자, 관광지 모자, 회사 모자, 심지어 자기가 좋아하는 단체의 모자를 쓴다. 얼마나 많은 사람들이 모자를 통해 선전하고 자랑하는지…. 크리스천은 예수 그리스도를 자랑하고 전도하는 것이 당연하다.

택시 운전을 하고 지나가면서 교회당을 보면 교인이 얼마나 많이 모이나? 예배는 잘 드리나? 한 주에 몇 번 모이나? 십자가는 우뚝 잘 세워져 있나? 본다. 가톨릭교회든 기독교든 상관없다. 주님의 십자가를 세워 놓은 교회당은 다 아름답다. 나는 의에 주리고 목마른 사슴이다. 나는 차 안에서 "주 예수여 나는 당신을 사랑합니다, 당신께 감사를 드립니다, 당신께 찬양을 드립니다, 주여 성령의 충만을 부어 주소서, 만나와 생수를 부어 주소서, 내 입에 복음의 말씀을 채워 주소서"라고 한다.

텍사스의 어느 미국교회 목사님이 백만불을 들여 64m, 빌딩 19층 높이의 대형 십자가를 세운다는 소식을 들었다. "대단하다. 열심이다. 잘한다"며 박수를 쳤다. 운전을 하면서도 지나가는 차량들, 행인들 또 밤의 술꾼들과 교회를 다니다가 세상으로 나간 자들이 주님의 십자가를 쳐다보며 회개하고 주님께로 돌아오게 되기를 기도한다(갈 6:14).

어느 못된 아버지는 아들이 교회에 가겠다고 했는데 가지 말라고 했다. 그래서 아들은 집을 나와서 친구와 교회를 다녔다. 참 대단한 결정이다. 이 땅에서는 부모를 잘 만나야 한다. 부모는 내가 선택하는 것이 아니다. 우리는 그저 태어났을 뿐이다. 부자, 재벌 집에서 태어나는 것, 대통령 자식으로 태어나는 것이 꼭 좋은 것이 아니다. 신앙이 좋은 부모님 가정에서 태어나고 자라서 쉽게 성경을 알게 되고 예수를 알게 되고 구원을 받는 것이 가장 큰 축복이다. 그리고 책과 친구를 잘 만나야 한다. 무신론 책을 만나서 읽으면 무신론자가 되어 지옥 가고 성경책을 읽으면 예수를 믿고 천국 간다.

어느 날 택시 승객에게 물었다.
"예수 믿으세요?"
"아니요. 안 믿습니다."
"자녀가 있으세요?"
"네, 아들이 있습니다."
"아들은 교회에 나가나요?"
"아니요. 아들도 교회에 가지 않습니다."
"그것 보세요. 아들은 꼭 아버지를 따라 합니다. 그러니 이번 일요일에 옷을 잘 입고 나가면 아들이 '아빠, 어디 가세요?'라고 할 거예요. '교회에 간다'하면 아들도 따라나설 겁니다. 당신이 지옥에 가면 아들도 따라서 지옥에 갑니다."

이야기를 마치고 뒤를 돌아보니 손님의 기분이 나빠 보였다. 택시에서 내릴 때 전도지를 주자 의자에 두고 내렸다.

"명심하세요. 아들은 아버지 따라서 지옥 갑니다"라고 하자 전도지를 다시 집어서 갔다.

전도는 알아듣게 강하게 해야 한다. "사람의 원수가 자기 집안 식구리라"(마 10:36)는 말은 가족이 예수 믿지 않고 죽으면 부모, 자식이 지옥에서 원수가 되어 싸운다는 뜻이다.

집 안에 총이 있으면 살인이 난다.

반대로 집안 곳곳에 성경책을 두면 가족이 읽고 구원을 받는다.

얼마 전에 미국에서 생긴 일이다. 엄마가 운전을 하고 뒷자리에는 할머니와 세 살짜리 아들이 타고 있었는데 세 살짜리가 총으로 운전하는 어머니의 머리를 쏴서 죽였다. 총을 아무데나 둔 어른의 잘못이다. 근본적으로 따지면 인간의 두려움이 문제다. 죽은 어머니는 누군가 자기를 죽일까 봐 차에 총을 갖고 다녔다. 결국은 아들이 그 총으로 엄마를 죽었다. 이 두려움은 에덴동산에서 시작된 것이다. 선악과를 따먹은 후 "두려워하여 동산 나무 사이에 숨었나이다"하고 있다. 죄의 삯은 두려움과 사망이다. 이것이 인간 아담의 원죄다(창 3:10, 롬 6:23).

누가복음은 가난한 자들의 복음이다(눅 14:16-24).

영적 잔치로 하나님 아들의 결혼을 위해 좋은 음식이 가득한 잔치를 차려 놓고 "모든 것이 준비되었나이다. 오셔서 드십시오"라고 했는데 모두 "시간이 없어서 못갑니다"라고 했다. 만약 청와대에서 또는 백악관에서 대통령의 아들 결혼식에 참석하라고 초청장을 보냈다면 100% 참석했을 것이다.

●1등 특별 초대장: "오셔서 드십시오. 생명과와 생명수가 준비되었습니다. 오셔서 마음껏 잡수시고 선물도 받아 가세요"라는 초대장을 재벌 총수들, 장관들, 지방 유지들, 국회의원들, 박사들, 고급차 타는 자들에게 초대장을 보냈으나 모두 "너무 바빠서 못 간다고 하라"는 것이 주님의 교훈이다. 세상 1%에 들어가는 자들을 찾아다니지 말고 2등, 3등 국민을 찾아 전도하라는 주님의 가르침이다. 당신은 어디서 전도하고 있는가?

●2등 손님들: 왕이 종들에게 명하여 "빨리 도시 시내 사거리 길거리 골목으로 가서 천국 복음 잔치에 손님들을 초대하라". 가난한 자들, 거지들과 장애인들과 소경들과 저는 자들이 들어 왔다.

"소경이 보며 앉은뱅이가 걸으며 문둥이가 깨끗함을 받으며 귀머거리가 들으며 죽은 자가 살아나며 가난한 자에게 복음이 전파된다 하라"(마 11:5)

천국 복음은 첫째 심령이 가난한 자들, 애통하는 자들, 의에 주리고 목마른 자들의 복음이다. 영적, 육적으로 장애인들, 가난한 자들, 헐벗고 굶주린 거지들의 복음이다. 천국은 부족함이 없이 주시는 은혜의 선물이다. 누구든지 와서 받는 자의 것이다. 지옥에서 "그때 받을걸. 믿을걸. 내가 바보였어"라고 통곡해도 소용없다.

주님은 장애인 전도 선교를 하라고 말씀하신다. 정신박약, 지체장애, 시각장애, 농아인 전도를 하라는 말씀이다. 장애자들이 주님이 말씀하신 지극히 작은 자요, 어린아이요, 약한 자들이다.

태어날 때부터 소경된 자를 앞에 두고 유대인들이 주님께 물었다.

"누구의 죄 때문입니까?"

지금으로 따지면 이것은 정말 인권 모독의 발언이다.

불교인들은 전생의 죄 때문이라고 한다.

이슬람교인들은 신이 버린 자들이라고 한다.

그러나 예수님은 하나님의 목적과 영광을 위하여 만든 자들이라고 하셨다(요 9:1-3).

사람의 외모, 신체적인 장애, 학벌, 재벌 등은 중요하지 않다. 하나님은 약한 것들을 택하사 강한 자들을 부끄럽게 하시는 복음의 능력이 있다.

장애인은 하나님의 실패작이 아니다. 인생은 누구든지 하나님의 손으로 직접 만드신 작품이다. 인간은 누구나 이 세상에 하나뿐인 하나님의 작품이다. 나 같은 사람은 오직 하나다. 공장에서 찍어내는 공산품이 아니다. 사진을 찍어 놓고 보면 얼굴이 별로다. 그러나 이 또한 하나님의 작품이다. 우리는 모두 하나님의 작품에 감사하며 살아야 한다.

길과 산울로, 시골길, 산비탈, 변두리, 시골 사람, 보통사람들을 강권하여 모셔 왔더니 잔치 자리가 꽉 찼다. "이제 됐다. 그만 끝이다. 더이상 손님을 받지 않는다"는 때가 곧 온다. 정해 놓은 이방인의 숫자가 차고 천국 집이 차면 끝나는 시점이 온다. 천국은 정말 가난하고 병들고 외롭고 불쌍한 자들이 차지하게 될 것이다. 이것이 주님의 뜻이다.

"부자와 가난한 자가 예배를 마치고 나올 때 문 앞에서 가난한 자에게 먼저 다가가 인사하고 손을 잡아라. 부자의 손을 너무 오래 잡고 있는 것을 가난한 자가 보면 시험 든다"는 것은 목사가 조심해야 할 일이다. 이것이 성경의 교훈이다. 부자를 찾지 말고 먼저 작은 자, 가난한 자를 찾아야 한다. 그래야 목회에 성공하고 존경받는 목사가 된다. 그리고 전도 방법은 강권하여 데리고 오는 것이다. 거지들에게 오려면 오고, 말려면 말라는 것은 전도가 아니다.

2013년 오바마 대통령의 생일파티가 시카고 북쪽 로렌스 길에 있는 극장에서 있었다. 초대를 받은 자들은 최소한 5,000불짜리 수표를 들고 가야 했다. 그런데도 장소가 꽉 찼다고 한다. 참석한 자들은 대통령과 손한번 잡고 사진 한 장 찍는 것이다. 그래도 서로 다투어 줄을 서서 들어갔다.

마침 그 현장에 가는 손님을 태워서 그곳에 내려 준 적이 있다. 천국 잔치에는 초대장을 보냈지만 "시간이 없어서 못 간다고 해라" 했던 사람들이 오바마 생일파티에는 5,000불을 손에 들고 줄을 서서 들어갔다.

세상 사람들이 다 그렇다. 이생의 자랑, 안목의 정욕을 위하여 쓰는 돈은 아깝지 않은 것이다.

5

그날을 위하여

"이것들을 증거하신 이가 가라사대 내가 진실로 속히 오리라 하시거늘 아멘 주 예수여 오시옵소서"(계 22:20)

(1) 주님 소원의 '그날'이 속히 오도록 전도하자.

"그날에 많은 사람이 나더러 이르되 주여 주여"(마 7:22)

"그때에 인자의 징조가 하늘에서 보이겠고 그때에 땅의 모든 족속들이 통곡하며 그들이 인자가 구름을 타고 능력과 큰 영광으로 오는 것을 보리라"(마 24:30)

이렇게 예수님은 다시 오시는 그날, 그때, 자기 소원의 날에 대하여 수없이 말씀하셨다. 주님은 그날에 대하여 우리가 항상 생각하기를 원하시고 주의 날이 속히 오도록 함께 힘써 주기를 소원하신다. 당신은 주님의 소원이 무엇인지 확실히 알고 있는가? 분명 그날이 온다. 오고 있다.

그리고 주님은 그날에 오신다.

'그날'(마 7:22, 24:36, 눅 17:31, 살후 1:10)

'마지막 날'(요 12:48)

'인자의 날'(눅 17:22)이라 하셨고

베드로와 바울은

'주의 날'(벧후 3:10, 살전 5:2, 살후 2:2)

'주 예수의 날'(고전 5:5)

'그리스도의 날'(빌 1:10, 2:16)

'주 예수 그리스도의 날'(고전 1:8)

'그리스도 예수의 날'(빌 1:6)

이렇게 신약성경은 주님의 오시는 그날, 주님의 소원의 그날을 수십 번이나 다양하게 표현하고 있다. 슬기로운 다섯 처녀처럼 등과 기름을 준비하라.

"그런즉 깨어 있으라 너희는 그날과 그 시를 알지 못하느니라"(마 25:13)

"그날 이와 황금길에 그의 영광 바라보며
그의 팔로 날 안을 때 만나보리 나의 친구
사랑하는 나의 친구 늘 가까이 계시도다
그의 사랑 놀랍도다 변함없는 나의 친구"
- 찬송가 92장 「위에 계신 나의 친구」 4절

"첫날부터 이제까지 복음에서 너희가 교제함을 인함이라 너희 속에 착한

일을 시작하신 이가 그리스도 예수의 날까지 이루실 줄을 우리가 확신하
노라"(빌 1:5-6)

빌립보의 성도들아. 너희 속에 착한 일을 시작하신 분이 성령 안에서
예수 복음을 땅끝까지 전파하여 속히 그리스도 예수의 날, 재림의 날이
오도록 착한 일 복음 전도를 하자는 말씀이다. 주님의 소원은 사랑하는
성도들을 만나러 다시 오는 것이다. 그래서 땅끝 전도가 가장 착한 일이
다. 그리고 그날에 주님께서 우리에게 수고했다 하시며 상 주신다.

우리 주님이 자기의 날 소원의 날이 하루속히 오기를 소원하고 기다
리시는 것은 당연하다. 주님은 그날을 하루를 천년 같이 기다리신다. 이
제 우리는 주님의 소원이 무엇인지 확실히 알았다. 주님의 그 날을 위하
여 나가서 전도하고 땅끝을 찾아 나가야 한다.

예수님이 "아버지 저 오늘 내려가고 싶어요. 지금 내려갈래요" 한다면
하나님께서 "안 된다. 아들아. 땅끝까지 복음이 전파되는 때를 기다려야
한다" 하실 것이다. 우리는 땅끝을 찾아 전도해야 한다.

"아담의 칠세손 에녹이 사람들에게 대하여도 예언하여 이르되 보라 주께
서 그 수만의 거룩한 자와 함께 임하셨나니"(유 1:14)

여기 거룩한 자가 천사들인지 허다한 증인들인지(히 12:1) 확실히 알
수 없으나 이것은 지금부터 5,500여년 전에 에녹이 예언한 것이다. 지금
우리 성경에는 없는 책이지만 초대교회 당시는 성도들이 에녹서를 많이
읽었다고 전해진다. 우리도 주님의 날이 속히 오도록 열심히 전도하여
허다한 증인들의 무리에 들어가면 축복이다.

이런 이야기가 있다.

박집사: 벌써 2000여 년이 훨씬 지났는데 주님 안 오시는 거 아니야? 속히 오리라 하신 약속이 왜 이렇게 늦어지나?

김집사: 박집사가 전도를 해야지. 주님이 안 오시는 것이 아니라 오시고 싶어도 못 오시는 걸세.

마태복음 24장 14절을 읽어보자.

"이 천국 복음이 모든 민족에게 증거되기 위하여 온 세상에 전파되리니 그제야 끝이 오리라"

이날이 주의 날이 된다고 분명히 선을 그어 말씀하셨다. 주님은 아무때고 날짜 잡아 놓고 오시는 것이 아니다.

우리의 신랑 되신 예수님이 준비된 신부를 만나러 오시는 그날이 우리 주님의 소원의 날이다. 주님의 소원은 500명 앞에서 승천하셨던 그곳 예루살렘 동편 감람원에 다시 구름을 타고 오셔서 착륙하시는 것이다. 성경은 주님의 소원이 이루어지는 때가 온 세상(마 24:14)에, 온 천하 (막 16:15)에, 모든 족속(마 28:20)에게, 땅끝까지(to the ends of the earth)(행 1:8) 복음이 전파되는 그때다.

땅의 모든 끝이 우리 하나님의 구원을 보았도다(시 98:3).

영어로 땅끝은 한곳이 아니고 많다는 뜻으로 복수를 쓴다. 지구의 동서남북 동네 구석구석이 땅끝이다. 복음이 땅끝 모든 구석에 전파되는 그때라고 했다. 초대교회 성도들은 인사가 "마라나타"(아람어로 주께서 임하신다) 하면서 열심히 천국 복음을 전파했다고 한다.

"내가 진실로 속히 오리라"는 말씀이 요한계시록 22장 7절, 12절, 20절

세 번 나온다.

Yes I am coming soon,

　한국어 번역은 미래형처럼 보이지만 영어는 "나는 지금 오고 있다"이다. 주님이 지금 오시고 있는데 땅끝까지 복음이 전파되는 날과 시간을 맞추는 속도 조절하신다는 의미다. 현재 진행형이다. 예를 들면 당신이 밖에 나가서 날마다 전도하면 주님의 재림이 하루 당겨오실 수 있다.

　"내가 너희를 위하여 처소를 예비하러 가노니 가서 너희를 위하여 처소를 예비하면 내가 다시 와서 너희를 내게로 영접하여 나 있는 곳에 너희도 있게 하리라"(요 14:2-3)

　주님은 모든 준비가 완료되어 있다.

　주님은 오늘이라도 오시고 싶고 다시 오시는 것이 주님의 소원이지만 오실 수가 없다. 왜일까? 그것은 지금 이 땅의 교회와 성도들이 주님 오실 조건이신 땅끝 전도가 늦어지고 있다는 말이다. "주님 언제 오시든지 주님 오시고 싶을 때 오세요"가 아니다.

　주님의 재림은 조건부다. 몇 년 며칠 재림의 날짜와 시간을 정해 놓고 오시는 것이 아니다. 온 세상에 복음이 전파되면 땅끝까지 복음이 전파되면 조건이 충족되면 그때 오시겠다 하셨다. 그래서 수만의 선교사들이 땅끝을 찾아 선교를 나간다. 그러나 아직 아무도 땅끝을 정복하지 못했다. 선교사들은 "복음이 서쪽으로 한 바퀴 돌아서 출발지 예루살렘으로 다시 돌아가고 있다"고 한다. 한 바퀴 도는 것이 중요하지 않고 구석구석 뒤지는 것이 중요하다.

　"야곱아 나의 벗 아브라함의 자손아 내가 땅끝에서부터 너를 붙들며 땅 모

퉁이에서부터 너를 부르고 너는 나의 종이라"(사 41:9)

땅끝으로 가는 선교사 전도자의 발을 붙들어 주고 "두려워 말라 내가 너와 함께하리라" 하신다. 크리스천은 영적 이스라엘이요 세계선교를 위한 일꾼이다. 땅끝으로 가서 선교할 때 하나님은 그곳에도 항상 함께하시며 붙들어 주신다. 항상 담대하여 최선을 다해야 한다. 그리고 이 세상에도 여기저기 외롭고 또 수고하고 노력해도 살기 힘들어 절망하며 자살하려고 벼랑 끝에 서 있는 자도 많다. 이런 자들을 찾아 붙들어 주고 구원하는 것이 땅끝 선교다.

"이 동네에서 너희를 핍박하거든 저 동네로 피하라 내가 진실로 너희에게 이르노니 이스라엘의 모든 동네를 다 다니지 못하여서 인자가 오리라"(마 10:23)

전도자는 갈 곳이 너무 많다. 위기가 오면 피할 줄도 알아야 한다.

"너희 가운데서 하늘로 올려지신 이 예수는 하늘로 가심을 본 그대로 오시리라 하였느니라"(행 1:11)

"잠시 잠깐 후면 오실 이가 오시리니 지체하지 아니하시리라"(히 10:37)

"볼지어다 그가 구름을 타고 오시리라 각 사람의 눈이 그를 보겠고 그를 찌른 자들도 볼 것이요 땅에 있는 모든 족속이 그로 말미암아 애곡하리니 그러하리라 아멘"(계 1:7)

이는 모두 재림의 약속이다.

성경 말씀을 보면 성경 기록 당시 수년 내로 곧 오실 것 같은 말씀이다. 그래서 초대교회는 정말 당대에 입박한 주님의 재림을 기다렸다. 그

런데 거의 2,000년이 되어간다. 문제는 주님 재림의 조건 마태복음 24
장 14절 말씀이 이루어지지 않았다는 것이다. 그리고 바울은 또 다른 비
밀이 있다고 말했다.

"이 신비는 이방인의 충만한 수가 들어오기까지 이스라엘의 더러는 우둔
하게 된 것이라"(롬 11:25)

아직은 이방인을 위한 천국의 이민 문호가 활짝 열려 있다. 즉 하나님
이 정해 놓은 이방인 구원의 숫자가 차야 한다는 말씀이다. 그러니 아직
은 이방 전도부터 더 열심히 해야 한다는 뜻이다.

"때가 차매 하나님이 그 아들을 보내사 여자에게서 나게 하시고"(갈 4:4)

주님의 초림은 때를 정해 놓고 시간이 차서 보내셨다. 그러나 주님의
재림은 사람의 숫자가 차야 한다는 말이다. 주님의 재림은 시간과는 관
계가 없다. 만년이 지나도 땅끝 전도가 되지 못하고 이방인의 숫자가 차
지 못하면 주님은 못 오신다는 말씀이다. 이방인 구원의 숫자가 충족되
어야 오신다.

"그날과 그때는 아무도 모르나니 하늘의 천사들도 아들도 모르고 오직 아
버지만 아시느니라"(마 24:36)

"때와 기한은 아버지께서 자기 권한에 두셨으니"(행 1:7)

예수님도 마음대로 내려갈 수 없다는 것이다. 하나님 아버지께서 아
들아 내려가라 하셔야 갈 수 있다는 말씀이다.

주님이 다시 오시는 확실한 방법은 온 세상에 복음이 전파되는 그날
을 하루를 천년같이 천년을 하루 같이 기다리는 것이다. 이는 지상의 모
든 사람들이 복음을 한 번이라도 듣게 되는 그때를 의미한다. 이것이 공

평하신 하나님의 뜻이다.

"하나님 저는 예수 이름을 한 번도 들어 본 적이 없습니다"라는 사람이 없도록 전파하라는 것이다. 주님이 아직도 못 오시니 아직도 땅끝까지 복음이 전파되지 않았다는 의미다. 그러니 우리가 열심히 전도해야 하루빨리 주님이 오실 수 있다. 주님의 소원 성취를 위하여 우리가 해야 할 일은 사거리로 나가 사람들의 귀에 외치는 전도가 제일 효과적이다. 모두 한 번씩 듣게 하는 전도가 필요하다.

주님의 재림이 늦어지는 이유가 주님의 뜻이 아니라 우리가 전도를 항상 내일로 미루기 때문이다. 주님 재림의 약속은 100% 이루어진다. 초림 메시아 그리스도의 오심을 모세, 다윗, 이사야, 예레미야, 호세야, 미가 등 선지자들을 통하여 예언한 것도 정확하게 이루어졌는데 하물며 하나님의 아들 메시아께서 직접 "내가 속히 오리라" 약속하셨으니 이루어질 것이다.

성경의 두 가지 약속 조건 즉 온 세상에 복음이 전파되는 그날(마 24:14), 무화과 나무 비유의 여름 그날(마 24:33), 이렇게 두 날이 동시에 이루어지는 때가 올 것이다. 한세대가 몇 년인가? 80년(시 90:10), 120년(창 6:3) 알 수 없다. 요즘은 100세 시대다. 한 세대가 자꾸만 길어진다. 온 세상에 복음이 전파되는 때를 우리는 알 수 없고 계산할 수도 없다.

2017년 12월 6일에 트럼프 대통령은 "예루살렘은 이스라엘의 수도다" 발표하고 미국 대사관을 예루살렘으로 옮겼고 이스라엘 정부도 옮겼다. 예수님의 베들레헴 출생을 위하여 황제 아구스도가 "모든 사람은 고향으로 돌아가서 호적하라"는 명을 내려 예수님이 베들레헴에서 나셨듯이 지금도 권력자의 결정은 성경을 성취시키는 일을 한다. 여태껏 어느 대통령도 할 수 없었던 대 선언이다. 이 사건은 무화과 나무의 비유와 관계가 있다. 이스라엘의 국가적 조건에 예루살렘 수도는 필요하다. 그리고 땅끝 복음전파가 필수다.

주님의 소원을 위하여 가장 확실한 방법은 열심히 나가서 전도하는 것이다. 지구상의 모든 크리스천이 온 세상에 나가서 하루만 외치면 끝날 수도 있는 일이다. 그러나 전도하지 않고 미지근한 신앙으로 잘 살아보세 하며 안일무사로 가면 만년이 지나도 주님은 오실 수 없다는 말이다. 사람들도 가정이 안정권에 들어서고 살만해지면 "주여 우리가 여기 있는 것이 좋사오니 여름 별장 겨울 별장을 짓겠습니다"(마 17:4) 하면서 "우리도 한번 잘 살아보세" 하며 지상낙원을 원한다. 그러다가 갑자기 떠나는 것이 어리석은 인생이다.

지금 우리는 666 짐승의 표가 나오는 위험한 시대에 살고 있다(계 13:18). 쌀알같이 생긴 베리칩을 만들어 놓고 권세자의 명령만 떨어지면 강제로 오른손이나 이마에 삽입시키는 시대가 준비되어 있다.

요즘 기업들이 보안을 위해 직원들의 개인 정보 칩을 사용하고 있다. 정부에서 만든 베리칩은 그 속에 실리콘 마이크로 칩 개인 정보, 은행 구좌와 주파수 콘덴서 그리고 유전자 조작 장치 또 구리 안테나 이런 장치가 몸속에서 돌아간다.

알려진 바로는 베리칩을 몸에 받으면 본부에서 위치를 추적해 감시하고 두뇌도 조작 통제하고 유전자 조작으로 개인을 죽일 수도 있다고 한다. 이것은 인권 침해다. 조심하고 정신 차려야 한다. 우리의 몸은 하나님의 성전이다. 우리는 짐승이 아니고 하나님의 사람이다.

어느 날 주의 날이 오고 우리 주님의 소원이 이루어지는 그 날이 반드시 올 것이다. 주님 다시 오시는 그날 놀라운 사건이 일어난다. 방송국이 중계할 필요도 없다. 크리스천은 직접 공중에 올라가서 친히 주님을 영접하는 경험을 하게 될 것이다.

"그때에 인자의 징조가 하늘에서 보이겠고 그때에 땅의 모든 족속들이 통
  곡하며 인자가 구름을 타고 능력과 큰 영광으로 오는 것을 보리라. 저가 큰
  나팔소리와 함께 천사들을 보내리니 저희가 그 택하신 자들을 하늘 이 끝
  에서 저 끝까지 사방에서 모으리라"(마 24:30-31)

주님은 천국 구름을 타고 오신다(마 26:64).

"보라 내가 너희에게 비밀을 말하노니 우리가 다 잠잘 것이 아니요 마지막
  나팔에 순식간에 홀연히 변화하리니 나팔소리가 나매 죽은 자들이 썩지
  아니할 것으로 다시 살고 우리도 변화하리라"(고전 15:50-51)

"천국에서 만나보자 그날 아침 거기서
  순례자여 예비하라 늦어지지 않도록
  만나보자 만나보자 저기 뵈는 저 천국 문에서
  만나보자 만나보자 그날 아침 그 문에서 만나자"
  – 찬송가 480장(21세기 멜로디 찬송가)

"주께서 호령과 천사장의 소리와 하나님의 나팔로 친히 하늘로 쫓아 강림하시리니 그리스도 안에서 죽은 자들이 먼저 일어나고 그 후에 우리 살아남은 자도 저희와 함께 구름 속으로 끌어올려 공중에서 주를 영접하게 하시리니 그리하여 우리가 항상 주와 함께 있으리라. 그러므로 이 여러 말로 서로 위로하라"(살전 4:16-18)

우리는 그날에 손뼉을 치고 할렐루야 소리를 지르고 휴거한다.

이것이 주님의 공중강림의 대표적인 성경 말씀이다.

주님이 먼저 공중강림하시고 대환란 후에 지상재림하신다. 주님의 명령에 천사장의 소리와 빵빠레가 울리고 천군 천사들의 노래와 함께 주님이 구름을 타고 공중 강림하실 때를 상상해 보자.

주님이 어느 장소에 오시는가?

사도행전 1장 11절에 나와 있다. 예루살렘 근교 감람원이다. 우리 주님께서도 이날이 오기를 날마다 기다리고 계신다.

"누가 주의 마음을 알아서 주를 가르치겠느냐 그러나 우리가 그리스도의 마음을 가졌느니라"(고전 2:16)

그리스도의 마음 주님의 소원을 가졌는가?

사도바울은 "이제 후로는 나를 위하여 의의 면류관이 예비 되었으므로 주 곧 의로우신 재판장이 그날에 내게 주실 것이니 내게만 아니라 주의 나타나심을 사모하는 모든 자에게니라"(딤후 4:8)

주님의 재림을 사모하는 자, 전도하는 자가 의의 면류관을 받는다. 악하고 게으른 종이 되지 말라.

성경에 보면 여러 종류의 종과 청지기가 나온다.

악하고 게으른 종(마 25:30),

착하고 충성된 종(마 25:21),

선한 목자 삯군 목자(요 10:11-12)

우리는 어디에 속할까 생각해 봐야 한다.

아무도 당신을 판단할 자는 없다. 그리고 우리도 자신을 판단하지 못한다. 나도 나 자신을 정확히 모른다.

"주여 우리가 어느 때에 주께서 주리신 것이나 목마르신 것이나 나그네 되신 것이나 헐벗으신 것이나 병드신 것이나 옥에 갇히신 것을 보고 공양하지 아니하더이까"(마 25:44)

나는 기억이 없다고 항의한다.

인간은 자기중심으로 자기를 판단한다. 그래서 착각에 빠진다. 내가 얼마나 열심히 사역했는데…. 내가 얼마나 열심히 기도했는데… 하면서 항변한다. 그러나 오직 주님만이 우리를 정확히 심판하신다. 인간은 모두 자기에게 좋은 점수를 준다. 나는 항상 내편이다. 항상 내가 제일이고 내가 잘한다고 생각한다. 우리는 모두 자기 제일주의자다.

나는 천국 갈 수 있다. 내 스스로의 판단도 믿지 말아야 한다. 지금 이대로 가면 심판 날에 악하고 게으른 종으로 판결 날 확률이 높다. 바로 지금 회개하고 열심을 내야 한다.

"울며 씨를 뿌리려 나가는 자는 반드시 기쁨으로 그 곡식 단을 가지고 돌아오리로다"(시 126:6)

회개하며 울면서 하는 전도가 제일 효과적이라는 말씀이다.

하나님은 이사야를 통하여 이렇게 말씀하셨다.

"들의 모든 짐승들아 숲 가운데의 모든 짐승들아 와서 먹으라 이스라엘의 파수꾼들은 맹인이요 다 무지하며 벙어리 개들이라 짖지 못하며 다 꿈꾸는 자들이요 누워 있는 자들이요 잠자기를 좋아하는 자들이니 이 개들은 탐욕이 심하여 족한 줄을 알지 못하는 자들이요 그들은 몰지각한 목자들이라 다 제 길로 돌아가며 사람마다 자기 이익만 추구하며 오라 내가 포도주를 가져오리라 우리가 독주를 잔뜩 마시자 내일도 오늘같이 크게 넘치리라 하느니라"(사56:9-12)

지금 우리 시대에 대해 하신 말씀이다. 사자들아, 늑대들아, 벙어리 개들, 술취한 개들, 인본주의, 물질주의, 바벨론의 개들을 잡아 먹어라 하신다.

(2) 주님의 사랑이 강권하신다.

"그리스도의 사랑이 우리를 강권하시는도다"(고후 5:14)

바울은 그리스도 예수께 붙잡혔다(빌 3:12). 성령님은 첫째 전도하시는 영이시다. 전도는 "네 이웃을 네 몸과 같이 사랑하라"(마 19:19)는 말씀에서 시작되는 전도가 최고의 전도다. 당신이 천국 가는 사람이라면 이웃에게도 같이 가자고 말해야 한다. 이것이 제일 큰 사랑이다.

주님의 사랑에 붙잡혀 전도해야 능력 있는 전도를 할 수 있다. 사실 바울처럼 완벽한 동기를 가지고 전도자가 되기는 힘들지만 평범한 우리도 무조건 나가 전도해야 한다.

전도하면서 사람들로부터 인정받으려 하지 말고 나중에 주님으로부터 인정받으면 된다. 누가 칭찬하든, 미친놈이라 욕을 하든 신경 쓰지 않고 열심히 하다 보면 불쌍한 영혼이 보이고 그리스도의 사랑에 붙잡히면서 점차로 믿음의 주요 우리를 온전케 하시는 주님만을 바라보고 나가는 능력 있는 전도자가 된다. 그렇지 않으면 스스로 걸려 넘어진다.

옛날 허드슨 테일러가 미국에서 선교집회를 할 때 많은 청년들이 중국에 가서 선교사가 되겠다고 일어섰다. 왜 중국에 가려느냐 물으니 모두가 한가지로 중국의 영혼들이 너무 불쌍해서 가야겠다고 했다. 그러자 허드슨은 "그것만으로는 핍박과 고난을 이기지 못합니다. 그리스도의 사랑이 당신을 강권하십니까?"라고 질문했다고 한다.

교회를 열심히 다니는 사람이 가까운 친구, 늘 만나는 직장 동료에게 이 얘기 저 얘기 다 하면서 예수님 이야기는 절대 안 한다면 그는 진정한 친구일까?

"네 이웃을 네 몸과 같이 사랑하라"는 말씀은 영적인 사랑을 말씀하는 것이다. 우리가 이웃의 아내나 이웃의 남편을 내 몸처럼 사랑할 수는 없다. 어떻게 먹이고 입히고 함께 잘 수 있겠는가? 이는 육적이고 물질적인 사랑을 말하는 것이 아니다.

무엇으로 사랑할 것인가? 바로 예수님이다. 예수를 모르면 불쌍한 사람이다. 주님의 말씀을 전하여 구원해야 하는 전도 대상자, 불쌍한 영혼이다.

"가서 말하라"(GO & TELL).

"가서 전도하라"는 명령은 항상 급한 일이다. 전도는 명령이다. 뒤로 미루고 시간 나면 하겠다고 핑계 댈 수 있는 것이 아니다.

"나를 사랑하고 내 계명을 지키는 자에게는 천대까지 은혜를 베푸느니라"(신 7:9)

주님께서 나인성 과부의 죽은 아들을 향해 "일어나라" 하셨을 때 죽은 자도 일어났다(눅 7:14). 야이로의 죽은 딸도 "일어나라"하니 일어났다(마 19:18). 죽은 나사로도 "나오라" 하니 무덤에서 나왔다(요 11:43). 바람과 바다도 순종했다(마 8:26). 죽은 자도 주님의 음성을 듣고 일어나고 바람과 바다도 듣고 순종하는데 교회는 가지만 전도하라는 주님의 명령은 순종하지 못한다는 건 말이 되지 않는다.

"너희는 가서 모든 족속으로 제자를 삼아 아버지와 아들과 성령의 이름으로 세례를 주고 내가 너희에게 분부한 모든 것을 가르쳐 지키게 하라"(마 28:19-20)

여기에는 두 가지 명령이 있다.

① 제자 삼으라, 복음을 가르치라

바울도 디모데에게 "네가 그리스도 예수의 좋은 군사로 나와 함께 고난을 받으라 또 네가 많은 증인 앞에서 내게 들은 바를 충성된 사람들에게 부탁하라 저희가 또 다른 사람을 가르칠 수 있으리라"(딤후 2:2-3)고 했다.

복음을 가르치고 부탁하고 밖으로 내보내는 것이 목회다. 양을 우리 안에 가두어 두면 안 된다. 밖에 나가서 돌아다니면서 풀을 뜯고 물을 마시고 운동을 해야 한다. 크리스천도 역시 전도 운동을 해야 한다. 크리스천은 전도훈련 운동을 해야 건강하게 성장한다. 그래서 건강한 하나님의 자녀가 된다.

우리가 '전교인 제자훈련'이라는 말을 많이 쓰는데 이 말은 전교인을 전도자로 만들자는 말이다. 그런데 사실 모든 사람을 전도자로 만드는 것은 불가능이다. 성경은 "충성된 사람들을 찾아라. 그리고 부탁하라" 하셨다. 충성된 사람들을 찾아 직접 가르치고 데리고 나가 전도훈련을 시키고 스스로 나가 하도록 지켜봐야 한다.

여기서 가장 중요한 것은 발이 움직여야 한다는 사실이다. 예수님께서도 70인 전도단을 만드시고 훈련시키기 위하여 보내시며 "가라(GO)" 하셨다. 그들은 순종하여 갔다.

"듣지도 못한 이를 어찌 믿으리요 전파하는 자가 없이 어찌 들으리요"(롬 10:14)

그런데 지금은 많은 크리스천이 말하지도 외치지도 못하는 벙어리다.

② 가르쳐 전도하게 만들어라

십계명을 가르치라는 것이 아니고 지상 명령 말씀 전파를 가르치라는 것이다.

"저희가 사도의 가르침을 받아 서로 교제하며"(행 2:42)

이는 3,000명에게 복음을 가르치고 전도를 명령했다는 말이다. 그래서 복음이 전 세계로 퍼져나갔다. 예수님도 가르치기와 전도하기를 하셨다(마 4:23).

교회가 성경 전체를 가르치려 말고 복음과 전도를 가르쳐야 한다. 성경을 다 배우려면 평생을 바쳐도 시간이 부족하다. 성경공부 평생 회원 그만하고 영혼을 구원하는 평생 전도회원이 되어야 한다. 목회자가 "교인들 전도하세요"라고 말하지 말고 지도자가 교인들을 데리고 길거리로 직접 나가는 실습을 시켜야 한다.

남자 둘 여자 둘이 택시에 올랐다.

"모두 예수님 믿으세요?"라고 묻자 뒷자리의 여자가 "네"라고 답했다. 그러자 옆자리의 남자 승객이 "나는 유대인입니다"라고 했다.

"저도 유대인을 좋아합니다. 왜냐면 예수님이 유대인이기 때문입니다."

그러자 청년이 "맞다"고 맞장구를 쳤다. 다시 "베드로, 야고보, 요한, 바울, 예수님의 모든 제자들이 다 유대인입니다. 또한 기독교 복음이 유대인에게서 나오고 예수님도 구약에서 나오고 유대인과 크리스천은 친구예요. 혹시 성경 읽으세요?"라고 물으니 "토라를 읽습니다"라고 한다. "구약은 아무리 읽어도 답이 없습니다. 왜냐면 답은 신약에 있습니다. 요한복음 14장 6절에 예수님이 '내가 곧 길이요 진리요 생명이라'고 하셨습니다"라고 했다.

그들이 택시에서 내릴 때 '오직 예수' 전도지를 주니 반갑게 받고는 어깨를 톡톡 두드리며 "예수님이 당신을 사랑하십니다"하고 내렸다.

"또 그의 이름으로 죄 사함을 받게 하는 회개가 예루살렘에서 시작하여 모

든 족속에게 전파될 것이 기록되었으니 너희는 이 모든 일의 증인이라"(눅 24:47-48)

어느 장로님께 "왜 전도를 안 하느냐?"고 물으니 자기는 전도하는 은사가 없고 다른 은사가 있다고 했다. 이건 웃기는 말이다. 전도는 성령의 은사가 아니고 성령의 권능이다(행 1:8). 길거리 전도는 기도하는 자에게 나타나는 성령의 능력이다.

"그가 혹은 사도로 혹은 선지자로 혹은 복음 전하는 자로 혹은 목사와 교사로 주셨으니"(엡 4:11)

복음 전하는 자는 현재 최고 귀하고 복된 직분이다. 교회 강단의 설교자보다 더 고위직이 복음 전하는 자다. 요즘 세상에는 길거리 전도를 구식이라고 하는 자도 있지만 예수님의 씨뿌리는 비유는 유명한 전도 말씀이다. 노방전도는 씨뿌리는 작업이다. 순종하는 자는 성령이 어떻게 노방전도에 함께 역사하시는지 체험한다. 이것이 전도자에게 주는 축복이다.

주님도 이 땅에 계실 때 노방전도자요 사도들과 스데반, 빌립, 바나바, 바울 모두 노방전도자들이었다. 오늘날 교회는 세상 목적을 위해 나오는 자들이 많아서 교인수만 기록될 뿐이다. 사업용, 친교용, 사치용으로 교회 나오는 사람들이 많다. 구원은 오직 천국에 가서 확인이 가능하다. 예수님의 광야 천국 잔치에도 수만 명이 고기와 떡을 먹었지만 다 떠나갔고 오순절에 120명으로 축소됐다.

나는 손님에게 전도지를 준다. 잘 받아가는 사람, 필요없다는 사람, 감사하다는 사람, 뒷좌석 바닥에 버리고 간 사람, 의자에 두고 간 사람…. 갖가지 참으로 불쌍한 영혼들이 많다. 잘 읽고 생각하고 회개하고 예수를 믿으면 전도지에서 천국 보화를 발견하는데 마지막 기회를 놓치면 영원한 지옥으로 가는 바보가 된다.

교회의 목적은 전도요 영혼 구원이다.
"살리는 것은 영이니 육은 무익하니라 내가 너희에게 이른 말이 영이요 생명이라"(요 6:63)
"믿음의 결국 곧 영혼의 구원을 받음이라"(벧전 1:9)
이렇게 영혼의 구원을 강조하고 있다. 영혼이 구원받지 못하면 부귀와 장수와 자랑이 다 물거품이 되고 죽을 때는 지옥 불에 들어간다.
교회가 바깥세상 사람들을 제쳐 놓고 교회 안에서 우리끼리 좋아하며 스트레스를 푸는 곳이 되었다. 참된교회는 세상 사람들을 걱정하고 영혼 구원을 위하여 울고 기도해야 한다.

스데반도 죽을 때 "주 예수여 내 영혼을 받으시옵소서"(행 7:59) 하셨다. 죽을 때 죽기 전에 꼭 필요한 말이다. 나는 잠들기 전에 "주님 내 영혼을 받아주옵소서"하고 잔다. 잠자다 조용히 가는 사람도 많다고 한다. 그리스도인은 죽을 때 마지막 말이 "주님 내 영혼을 받아주소서" 하면 확실하다.

(3) 전도를 안 하면 화(Woe)가 있다

"내가 복음을 전할지라도 자랑할 것이 없음은 내가 부득불 할 일임이라 만일 복음을 전하지 않으면 내게 화가 있을 것임이로다"(고전 9:16-18)

무서운 경고다. 깊이 잘 생각해 봐야 한다.

전도가 어떤 이에게는 선택일 수 있지만 내게는 선택이 아니라 특별한 명령이기에 무조건 복종한다. 만약 복종하지 않으면 화를 당하고 불이익을 당한다. "화를 당한다"는 말은 의미가 크다. 바울은 주님으로부터 특별한 사명을 받은 자다. 그래서 바울은 봉급도 없이 권리도 주장하지 못하고 전도를 했다. 여기에 나오는 "부득불" 단어와 앞장에서 본 "강권"이라는 단어가 똑같이 영어로 compel (강요하다)이다. 주님이 전도하라고 우리를 강요하신다. 내가 전도해야할 때에 하지 않으면 방조죄로 처벌받는다.

"주인의 뜻을 알고도 예비치 아니하고 그 뜻대로 행치 아니한 종은 많이 맞을 것이요 알지 못하고 맞을 일을 행한 종은 적게 맞으리라"(눅 12:47)

교육을 많이 받은 사람, 박사, 목회자, 직분자…가 전도하지 않으면 평신도보다 매를 더 많이 맞을 수 있다는 말이다

전도는 주님의 명령 주님의 뜻 제1호다.

우리는 계속 경고 사이렌을 울려야 한다.

특히 가족을 빨리 전도 구원해야 한다(롬 9:3).

하나님은 우리 인류의 모든 동영상을 갖고 계신다. 누가 전도하는지, 그때 누가 귀로 들었는지, 수차례 전도지를 주었지만 필요없다고 거절하고 심지어 받아서 쓰레기통에 넣는 모습까지 다 보고 계신다.

외치는 전도자의 소리를 듣고도 못 들었다고 하면 그때 동영상을 보여 주실 것이다.

일곱째 천사의 마지막 나팔(계 11:15)과 하나님의 나팔(살전 4:16) 소리를 들을 날이 다가오고 있다. 사도들이 전한 예수 복음이 지구를 한 바퀴 거의 다 돌고 있다. 복음은 예루살렘과 안디옥으로 서쪽으로 마게도냐를 건너서 유럽으로 이것이 성령의 전도 방향이었다(행 16:6-10). 천국 복음이 유럽을 돌아서 중국을 돌아서 한국을 거쳐서 복음이 땅끝인 사마리아로 다시 들어가서 예루살렘으로 다시 들어가야 한다.

또 한 가지 조건 "이방인의 충만한 수가 차기까지(이스라엘의 더러는 완악하게 되고) 그리하여 온 이스라엘이 구원을 얻으리라"(롬 11:25-26)

이스라엘에는 유대인과 아랍인이 함께 교회를 다니고 무슬림이 예수를 믿고 교회를 세우고 선교를 하고 있다고 하지만 아직은 아니다. 이스라엘 유대교 대제사장이 회개하고 예수 그리스도가 우리가 기다리던 메시아였다고 선포해야 하고 랍비들의 단체가 뒤집혀 예수 십자가 밑에 엎드려 회개해야 한다. 자세히 보면 예루살렘이 땅끝이다.

지금 이스라엘에서는 늦게나마 깨닫고 이렇게 기도하는 사람이 많다고 한다.

"주 예수여 어서 오시옵소서
당신은 메시아이십니다.
당신은 우리의 왕이십니다.
오셔서 우리를 다스려 주시옵소서."

시카고 다운타운에 크리스마스가 되면 유대인 전도단체에서 워터 타워 앞에서 "Jews For Jesus"라고 외치며 전도한다. 아이들까지 나와서 전도하는 모습이 참 보기 좋다.

전도지 제목이 "Christmas is a Jewish Holiday!(크리스마스는 유대인의 명절이다)"는 제목으로 복음을 전한다. 이 단체는 유대인 크리스천이 운영하는 유대인 기독교 선교단체로 미국 전역 큰 도시마다 있다.

언젠가 유니온 역에서 두 남자가 서 있는데 한 명은 전도 사인 깃발을 붙잡고 있고 한 사람은 메가폰을 어깨에 메고 "예수를 믿으라. 아니면 지옥 간다"고 외치고 있었다. 깃발 사인도 "Why you deserve Hell?(왜 지옥에 가려 하느냐?)"였다. 외치는 남자가 누구인지 궁금해서 깃발을 잡고 서 있는 남자에게 물었다. 그의 이름은 루벤 이스라엘, 유대인이라고 했다. '이제 유대인이 역전까지 와서 전도를 하고 있구나'라는 생각에 기분이 좋았다.

몇 년 전 공항에서 여자 손님을 태우고 우드데일이라는 동네로 가면서 "어디서 오셨습니까?"라고 물으니 "이스라엘에서 왔습니다"라고 했다. 반가운 마음에 "텔아비브에서 왔습니까?"하니 "아니요" 했다. 무심코 "나사렛에서 왔습니까?" 했더니 "네"라고 했다. 너무도 반가워서 뒤를 쳐다보며 "예수 믿으십니까?" 하니 "네"라고 했다. 이름을 물으니 "샤바"라고 답했다.

내가 다시 뒤를 돌아보며 "당신 참 예쁘다"고 말했더니 웃으면서 "미국에서 태어나 미국에서 공부했는데 어머니가 나사렛으로 돌아가자 해서 어머니와 함께 나사렛의 변두리에서 살고 있다"고 했다. "어느 교회를 다니냐?" 물으니 한참 생각하더니 "영어로 하면 Professy교회"라고 답했다.

나도 죽기 전에 한 번은 나사렛에 가보고 싶었는데 그녀를 보니 그 생각이 더욱 간절했다.

노신사가 택시를 탔다.

"예수 믿으십니까?"

"나는 유태인입니다."

그가 목에 힘을 주며 말했다.

"유태인은 자동으로 천국 가는 것이 아닙니다. 오직 예수를 믿어야 천국에 갈 수 있습니다."

남자는 화가 난 표정이었다.

"유태인이 모든 민족 중에서 특별한 이유는 약속의 메시아 그리스도가 베들레헴에서 태어났고 나사렛에서 살았기 때문입니다. 예수는 유대인의 영원한 왕이시며 만왕의 왕이십니다. 나도 예수를 나의 왕으로 모시고 삽니다. 당신은 유태인으로 당신의 왕을 받아들이지 않습니까? 하나님의 축복을 빕니다. 예수가 당신의 메시아십니다. 그리고 모든 인류의 소망입니다."

이야기가 끝나자 남자의 성났던 얼굴이 풀리고 웃음이 흘러나왔다. 그리고는 내게 "어디서 왔냐?"고 물었다. 한국에서 왔다며 전도지를 주니 받고는 손을 내밀어 악수하고 갔다.

교회 부흥/쉬운 전도법

주님께서는 모든 사람이 구원을 받으며, 진리에 이르기를 원하신다. 그러므로 우리는 전도해야 한다. 그런데 그 전도의 열매가 교회를 부흥하게 하므로 모든 교회, 모든 목회자, 모든 성도들이 전도와 교회 부흥을 위해 기도하며 활동한다. 그에 대한 좋고 쉬운 방법을 소개하면서 이 책을 마무리 하려고 한다.

(1) 동영상으로 전도하라

눈으로 볼 수 있게, 귀로 들을 수 있게 전도하라는 말이다.

나는 전도지로, 사인판으로, 말로 외치며, 행동으로 전도한다. 그리고 사랑으로 전도한다.

"이사야의 예언이 그들에게 이루어졌으니 일렀으되 너희가 듣기는 들어도 깨닫지 못할 것이요 보기는 보아도 알지 못하리라 이 백성들의 마음이 완악하여져서 그 귀는 듣기에 둔하고 눈은 감았으니 이는 눈으로 보고 귀로 듣고 마음으로 깨달아 돌이켜 내게 고침을 받을까 두려워함이라 하였느니라 그러나 너희 눈은 봄으로, 너희 귀는 들음으로 복이 있도다"(마 13:14-16)

나는 모두들 보고 들으라는 뜻에서 사인판을 들고 마이크를 어깨에 메고 외친다.

"창세로부터 그의 보이지 아니하는 것들 곧 그의 영원하신 능력과 신성이 그가 만드신 만물에 분명히 보여 알려졌나니 그러므로 그들이 핑계하지 못할지니라"(롬 1:20)

우주와 자연 만물을 통하여 천둥과 번개로 지진과 홍수로 꽃과 새들로 하나님도 전도하신다. 때로는 영으로 사람의 귀에 말씀하시고 전도자를 통하여 전도하신다. 누구도 핑계 대지 못하도록 우리가 땅끝까지 가서 전해야 한다. 전도용 조끼를 만들어 입고 전도지를 주머니에 넣고 길거리로 나가 확실하게 전도자의 모습으로 대중에게 전도하고 있는 모습을 보여줘야 한다. 사인판의 글자는 언제나 간단하게 멀리서도 볼 수 있게 사인을 크게 써야 한다.

물론 눈이 있어도 보지 못하는 경우도 많다. 전도 현장에는 사탄이 방해를 많이 한다. 될 수 있는 한 목소리를 크게 외쳐야 한다. 사거리 번화가는 소음 때문에 보통 소리는 잘 들리지도 않는다.

사랑의 예수 구원의 복음을 능력 있게 크게 잘 외쳐야 한다. 그리고 길거리에서 외치는 복음 방송은 짧고 간단해야 한다. 15초 설교가 생명이다. 외치는 전도가 최고다.

보기 싫으면 고개를 45도 돌리면 되지만 외치는 소리는 고개를 180도 돌려도 들리고 귀를 막아도 이미 한 번 들었기 때문에 귀를 막아도 소용이 없다. 성령의 역사가 있어야 사탄을 쳐부수고 전도가 성공한다.

이사야에게는 "벗은 몸과 맨발로 다니며 외치라"(사 20:2-3) 하셨고 예레미야에게는 끓는 가마를 보여주시고 어느 쪽으로 기울어졌는지 보여주시며 말씀하셨다(렘 1:11-13).

예수님은 사도 요한에게 장차 될 일에 대하여 시청각적으로 환상을 보여주셨고 사도 요한은 본 대로 들은 대로 계시록을 썼다.

"고침을 받을까 두려워함이라"

이게 무슨 말인가? 잘못된 것을 고침받으면 좋을 것인데 왜 두려워하는 것일까? 이것은 사탄이 하는 소리다. 바리새인들 제사장들이 복음 듣기를 두려워했다. 말씀을 계속 들으면 믿게 되기 때문이다.

미국에는 동성애자들, 마약중독자들이 있다. 교회에서 그들을 데려다 성경공부를 시키고 기도하면서 많이 고쳐 왔는데 동성애 인권 단체에서 교회가 그것을 하지 못하게 막고 있다.

"돌이켜 고침을 받을까 두려워함이라"는 성경 말씀 그대로다. 동성애로 영혼과 육체를 죽이고 멸망시키려는 사탄의 작업이다. 동성애에 빠지면 이것은 잠시 죄악의 낙인데 "죄가 아니다"하고 함께 즐긴다. 동성애는 소돔의 단체다.

전도방법에는 개인 전도, 관계 전도, 방문 전도, 대중 설교 전도가 있다.

"듣지도 못한 이를 어찌 믿으리요 전파하는 자가 없이 어찌 들으리요"(롬 10:14)

하나님은 한 번도 들어보지도 못하고 지옥에 가는 자가 없도록 전파하라고 하셨다.

언젠가 미시간 애비뉴 다리를 건너면서 예수 복음을 외치는데 잘생긴 백인 청년이 다가와서 웃으며 인사를 했다.

"예수 믿으시는군요?"

"네, 믿습니다. 저는 라스베이거스에서 왔는데 그곳은 어두운 죄악의 도시입니다. 라스베이거스에 오셔서 그렇게 외쳐주세요. 꼭 오세요."

수많은 사람들이 지옥의 길로, 지옥을 향해 달리고 있는데 누가 천국 가는 길 생명의 길 예수 복음을 들려줄 것인가? 그래서 이사야는 "일어나라 빛을 발하라"(사 60:1) 하셨다.

여기서 말하는 빛이 누구인가?

바로 예수님이 빛이다.

예수 복음을 외쳐 어두운 죄악 세상에 복음의 빛이 되어야 한다.

(2) 예수를 사랑하고 자랑하자

"하나님의 성령으로 봉사하며 그리스도 예수로 자랑하자"(빌 3:3)

고마우신 예수, 사랑스러운 예수, 위대한 예수 그리스도를 자랑해야 한다. 자기 자랑 그만하고 오늘부터 예수 그리스도 십자가를 자랑해야 한다. 담대하게 예수를 자랑해야 한다. 미국에는 30cm가 넘는 큰 나무 십자가를 목에 걸고 다니는 사람도 있다.

복음의 십자가를 부끄러워하지 말아야 한다. 십자가 목걸이도 걸고 십자가 모자를 쓰고, 예수 Jesus 이름이 쓰인 모자도 쓰고 다녀야 한다.

자동차에 "나는 예수를 사랑한다"는 스티커를 붙이고 다녀야 한다.

"자랑하는 자는 주안에서 자랑하라"(고전 1:31)고 바울은 말씀하셨다. 십자가를 자랑하고 그 이름 예수를 사랑하고 자랑하고 전도해야 한다. 십자가 복음을 자랑해야 한다.

내 차에는 오래전부터 전도의 방법으로 성경 퀴즈 5개를 만들어서 매직펜으로 써서 자동차 안의 앞 좌석 오른쪽 햇빛 가리개에 고무줄로 묶어 놓고 손님이 타면 문제를 내고 답을 말하면 요금에서 3불을 깎아준다.

첫 번째 문제는 "다윗이 골리앗을 치러 나갈 때 돌멩이 몇 개를 준비해서 나갔습니까?"였다.

또 다른 방법은 조그만 과자 박스 사방에 전도지를 붙이고 자동차 안의 백미러에 대롱대롱 달아 놓아 손님이 볼 수 있게 했다. 가끔 손님에게 "이것이 무엇인지 아십니까?" 또는 "잘 보입니까?"라고 물으며 "예수 믿으십니까?"라고 묻곤 한다. 만약 "안 믿는다"라고 하면 "당신은 여기 보이는 지옥에 가는 것입니다"라며 전도했다.

과자 박스는 대롱대롱 달려서 흔들리면서 "성경은 말한다. 천국과 지옥 너의 마지막 목적지는 어디냐? 오직 한 길 예수 천국"이라는 전도 글을 보여준다. 이 박스는 지금도 내 택시에 달려있다.

한 번은 손님이 타자마자 먼저 "예수 믿으시네요"라고 한다. 이 사람은 복음에 눈이 열린 분이시다. 뉴저지에서 목회하시는 임목사라고 하셨다. 우버를 불렀는데 오지 않아서 택시를 탔다고 했다.

"목사님께는 요금을 받지 않습니다. 공짜입니다. 걱정마세요. 기쁘게 공항에 모셔 드리겠습니다"라며 운전을 했다.

목사님은 복음이 충만하셨고 형님도 달라스에서 노방전도를 하신다고 하셨다. 다음 오시면 전화하시라고 전화번호도 드렸다.

당신은 예수 믿는 것을 자랑하지 않고 부끄러워하는가?

그렇다면 당신은 믿는 것이 아닐 수 있다. 때문에 천국에 들어갈 수 없을 수 있다. 왜냐면 마가복음 8장 38절에는 주님도 심판 날에 당신을 부끄러워하신다는 말씀이 있다.

전도는 사랑의 고백이며 자랑이며 신앙이다.

나는 복음을 외치면서 "I love Jesus"를 수도 없이 한다. 야구를 좋아하는 사람이 컵스 야구팀 모자를 쓰고 야구팀 잠바도 입고 다니는데 왜 그리스도인이 예수 그리스도의 십자가 모자를 쓰고 잠바를 입고 다니지 못할까?

어떤 사람은 "꼭 그렇게 해야 믿는 겁니까? 마음속으로 믿는 것이지요"라고 한다. 그러면 당신은 몰래 숨어서 믿는지도 모른다. 그러다가 불리하면 "난 아니야"라고 할 수 있다.

성경에 그런 사람이 있다. 바로 베드로다.

"I don't know the man.(나 그 사람 몰라)"

베드로가 숨어서 모욕과 조롱당하는 예수님을 보다가 들킨 후에 한 소리다. 그러나 베드로는 곧바로 회개하고 살았다.

내 차 트렁크에는 전도용 천국 지옥 사인판이 항상 꽂혀있다.

어느 호텔에서 공항에 갈 손님이 가방을 실으려고 트렁크를 열었다가 문을 "쾅" 닫고는 "다른 차를 타겠다"고 호텔 도어맨에게 말했다. 도어맨이 "왜 그러느냐?"고 물으니 내 차 안에 있는 십자가 전도 사인판 가리키며 고개를 흔들었다. 미국인 중에는 교회도 크리스천도 싫어하는 사람이 많다.

백인 여자가 여섯 살 정도 되는 딸을 데리고 차를 탔는데 내릴 때 아이에게 전도지를 주니 아이가 받으려 하는데 엄마가 "받지 말라"고 소리쳤다. 어머니의 믿음이 자녀에게는 너무도 중요하다. 우리의 사명은 복음을 전할 뿐이다.

> "부딪치는 돌과 걸려 넘어지게 하는 바위가 되었다 하였느니라 그들이 말씀을 순종하지 아니하므로 넘어지나니 이는 그들을 이렇게 정하신 것이라"(벧전 2:8)

우리가 잘못 믿어서다. 자책할 필요 없다. 마지막 날 이방인의 숫자가 차는 날 주님이 오실 것이다.

어느 날 공항에서 젊은 여자를 태우고 다운타운으로 가는데 손님이 흘러나오는 찬송에 은혜를 받는 것 같았다. 손님은 내릴 때 "저 오늘 직장 인터뷰 왔는데 기도 좀 해주시겠습니까?"라고 했다. 그녀의 손을 잡고 잠깐 기도한 후 "걱정마세요. 합격합니다" 하고 보냈다. 이런 사람은 합격한다. 벌써 하나님이 복을 주시려고 내 차를 타도록 예정하신 것이다. 그는 내 차에서 그리스도의 향기를 맡은 것이다.

시카고 다운타운 남쪽 사거리에는 두 다리 없이 휠체어를 타고 싱글 벙글 웃으며 지나가는 사람, 지나가는 운전자를 쳐다보며 구걸하는 흑인 남자가 있다. 그는 표정이 항상 밝으며 휠체어 옆에 십자가를 붙여 놓았다.

또 미시간 애비뉴 교회 앞에 앉아서 구걸하는 청년은 내가 지나가면 큰소리로 "Praise the Lord, Jesus is the Savior(주님을 찬송하라 예수는 구세주라)"고 외친다. 거지면 어떻고, 장애인이면 어떻고, 돈이 없으면 어떤가? 그들은 예수를 모르는 재벌보다 지혜롭고 복 있는 사람이다. 세상은 잠시 잠깐이지만 예수 믿으면 영원한 천국이 우리 집이다.

시카고 예수자랑교회는 이장춘 목사님이 개척한 교회 이름이다.

한국에서 육군 항공학교 교관으로 있으며 부대 안에 벽돌을 쌓으면서 군인교회당을 지었다고 한다. 어느 날 밤 사병들과 자동차 헤드라이트를 켜서 비추면서 교회건축을 하고 있는데 상급 지휘관이 와서는 "당신 지휘관이야? 목사야?"하고 책망을 했다고 한다.

그 후 대령 진급을 하려 했는데 "너무 종교적이다"는 이유로 진급에서 떨어졌다고 했다. 제대 후 목사가 됐고 미국에 와서 택시 운전을 하면서 전도와 선교에 열심이다. 사모님은 신유와 예언의 은사로 전도를 하신다. 이 목사님은 워터 타워 앞에서 전도 사인을 들고 나와 함께 전도를 하기도 하셨다. 십자가 모자를 드렸더니 잘 쓰시고 전도 사인판도 크게 만들어서 사모님과 함께 전도하신다.

2015년 자정에 2만 명이 모인 인파 속에서 목사님과 사모님이 피켓을 들고 나는 메가폰으로 "Happy new year, New start with Jesus, New life in Jesus christ, New start with The Bible" 하며 예수를 믿으라고 외쳤다. 이 목사님은 요즘 코스타리카와 유럽으로 선교를 다닌다고 하셨다.

"전파하는 자가 없이 어찌 들으리요 보내심을 받지 않았으면 어찌 전파하리요"(롬 0:14-15)

"광야에서 외치는 자의 소리가 있어 가로되 너희는 주의 길을 예비하라"(마 3:3)

"아름다운 소식을 예루살렘에 전하는 자여 너는 높은 산에 오르라 너는 힘써 소리를 외치라 크게 외치라 아끼지 말라"(사 40:9, 58:1)

옛날에도 외치는 자들이 많았다. 예수님도 귀 있는 자는 들으라고 외치셨다(마 13:9)

"너는 그들을 인하여 두려워 말라 내가 너와 함께 함이라, 내가 내 말을 네 입에 두었노라"(렘 1:8-9)

2600여 년 전이나 오늘이나 똑같이 "회개하라"고 외친다. 성경과 복음은 영원하다. 어떤 사람들은 지금은 인터넷으로 전도하는 시대라고 말하지만 지금 인터넷 문화 때문에 청년들의 영혼은 멸망성 소돔성으로 가고 있다.

"예수 믿으면 천국 안 믿으면 지옥"이라고 외치니까 어떤 남자가 웃으며 "농담하냐?"라며 지나간다. 창세기에 롯의 두 사위가 "장인의 말을 농담으로 여겼더라(They thought he was joking)"(창 19:14)고 적혀 있다. 노아는 자식 교육을 잘 시켜서 온 가족이 함께 방주를 지었고 구원을 받았지만 롯의 사위들은 동성애에 물이 들었는지 장인의 말을 듣지 않았고 롯의 아내도 천사의 말을 거역하고 뒤를 돌아보다가 소금기둥이 되었고 롯의 딸들도 아버지와 변태적 행동을 했다.

우리의 자녀들은 신앙으로 살고 결혼 대상자로 크리스천을 만나고 있는가?

성경에는 농담이 없다.

(3) "네가 미쳤구나" 소리 들으면 축복이다

"바울아 네가 미쳤도다"(행 26:24)

총독 베스도가 바울을 향해 한 소리였다. 바울은 예수 그리스도께 미쳤다. 바울은 미친 것이 정상적인 삶이다. 예수께 미친다는 것은 축복이다. 여러분도 전도하다 "미쳤구나" 소리를 들으면 축복이다. 언제 어디서나 항상 예수만 말하니까 미쳤다고 하는 것이다. 예수를 위하여는 목숨을 걸고 외치게 되고 사람들에게 미친 사람으로 보이는 것이다.

한국에 있을 때 오산리 금식기도원에 갔었는데 서울역 앞을 지날 때면 마이크를 잡고 "예수 믿으세요, 예수 믿고 천국 갑시다" 하는 사람을 보면서 생각하기를 예수에 미쳐서 맛이 약간 간 사람으로 보았다. 그런데 지금 내가 똑같이 전도하고 있으니 사람들로부터 미친놈 소리를 들으면 "그래 맞아. 나는 예수에 미친 놈이다"라고 인정하니 조금도 부담이 되지 않고 오히려 주님께 감사한다. 사람들은 자기가 기준이고 표준이다. 그래서 자기와 다르면 틀렸다 하고 아주 반대되면 미쳤다고 한다.

"우리가 만일 미쳤어도 하나님을 위한 것이요 만일 정신이 온전하여도 너
희를 위한 것이니 그리스도의 사랑이 우리를 강권 하시는도다"(고후 5:13-
14)

성경에 보면 예수님을 미쳤다고 생각한 사람도 있었다.

주위에서 유대인들이 예수가 미쳤다고 하자 가족들도 예수를 찾아서
집으로 데리고 오려고 찾아 왔다(막 3:21). 예수님은 자기를 찾으러 온 것
을 다 아시고 "누가 내 어머니이며 동생들이냐 하시고 둘러앉은 자들을 보시며
이르시되 내 어머니와 내 동생들을 보라 누구든지 하나님의 뜻대로 행하는 자가
내 형제요 자매요 어머니이니라"(막 3:33-35)라고 했다. 세상 사람들은 잘 이
해가 되지 않으면 저 사람 미쳤다고 한다.

"내가 주를 의뢰하고 적군에 달리며 내 하나님을 의지하고 성벽을 뛰어넘
나이다"(삼하 22:30)

우리는 믿음으로 달리며 성벽을 뛰어넘어야 한다. 인간의 이성의 한
계를 뛰어넘어 성령의 능력으로 세상의 핍박을 이기고 장벽을 뛰어넘어
야 자유롭게 전도할 수 있고 풍성한 삶을 누릴 수가 있다.

오순절에 "또 어떤 이들은 조롱하여 가로되 저희가 새 술에 취하였다 하더
라"(행 2:13)

술 취한 사람과 미친 사람은 비슷하다. 목소리가 크고 길에서나 어디
서나 담대하게 소리친다. 그쪽에 무엇이 있는 것처럼 보이는지 그쪽을

향해 꽥꽥 소리를 지르고 혼자서 떠든다. 믿지 않는 사람들이 볼 때는 나도 그와 비슷하게 꽥꽥 소리를 지르는 것으로 보일 것이다.

사울은 다메섹 도상에서 주님의 음성을 듣고(행 9:4) 자기가 죄인 중에 괴수라는 사실을 깨달았고 아라비야 광야에서(갈 1:17-18) 회개와 말씀 연구 후 자기 고향 다소로 갔고 친절한 바나바의 인도로 안디옥교회에서 복음 전도자로 안수를 받고 세계선교를 시작했다(행 13장). 그 뒤 24년이 지나서 고린도후서를 쓸 때 자기가 39대의 매를 5번 맞았고 몽둥이로 3번 맞고 돌로 한번 맞았다고 했다(고후 11:24-25, 행 14:19). 누가 바울을 돌로 때렸는가? 유대인들이다. 이때 바울이 돌에 맞았을 때 죽었다가 살아났던 때다. 그때 죽어서 본 환상을 고린도후서 12장에서 말하고 있다.

성경에 보면 바울만큼 예수에 미친 사람은 없다.

예수님은 39대의 매를 한 번 맞았지만 바울은 다섯 번 맞았다. 예수님은 3년 공생애였고 병 고침 받은 자들이 헌금하면 가룟 유다가 그 돈 자루를 관리하면서 훔쳐갔다 했으니 자루에 돈도 많이 있었다는 말이다. 그러나 바울은 제대로 먹지도 자지도 못하고 고생하며 33년을 자비량 전도했다.

고린도후서를 쓴 뒤에도 10년을 더 전도하다가 동족의 고소로 로마에서 2년 가택연금 후 풀려났다. 그 후 네로 황제 때 또다시 갇혀서 쓴 그의 마지막 편지 디모데후서에는 "관제와 같이 벌써 내가 부음이 되고 나의 떠날 기약이 가까왔도다"(딤후 4:6) 라고 쓰여 있다.

바울은 순교의 시간이 가까이 오고 있음을 알고 있었다. 사랑하는 디모데에게 편지를 해 겨울이 오기 전에 한 번 면회 오기를 부탁했다. 그러나 그 후 어떻게 됐는지 모르고 전해오는 전승에 로마 군인이 바울을 데리고 나가 산골짜기에서 칼로 바울의 목을 쳤는데 머리가 땅에 떨어지고 뒹굴면서 "예수, 예수 소리가 두 번 들렸다"고 했다.

이처럼 전도자의 입에는 예수 복음이 항상 담겨 있었다. 디모데후서는 전도서신이다. 디모데후서 1장 8절, 2장 3절, 2장 9절, 2장 23절, 3장 12절, 4장 2절, 4장 5절에서 디모데에게 계속 전도인의 일을 하라고 부탁했다. 바울의 로마 법정 첫 공판 날에 방청석에 나온 사람이 한 명도 없었지만 그래도 그날에 주님께서 옆에 서 계신 것을 보았다고 말하고 있다(딤후 4:16-17). 바울은 주후 67년경 순교했고 예수에 미친 자는 "예수, 예수" 이름을 부르며 가셨다.

(4) 미련한 방법이 통한다

"하나님께서 전도의 미련한 것으로 믿는 자들을 구원하시기를 기뻐하셨도다"(고전 1:21).

지혜나 철학으로 전도했다는 말씀이 성경에 없다. 바울은 미친 자요, 미련한 자다. 전도는 미련한 사람이 한다는 말이 아니고 전도하는 방법이 미련하다, 어리석다는 뜻이다.

믿음이나 구원은 세상의 고등 학문이나 철학으로 얻는 것이 아니고 복음 전도자를 통하여 복음을 귀로 듣고 마음으로 깨달아 하나님의 선물을 받는 것이다. 전도는 사람의 지혜로 하는 것이 아니라 성령의 능력으로 미련한 방법으로 전달된다(고전 2:4-5). 전도자의 어린아이 같은 순수함과 순종함 속에 성령이 역사하신다. 미련한 자를 택하사 지혜 있는 자를 부끄럽게 하는 것이 전도다(고전 1:27-28). 나는 사거리에서 외칠 때 믿는 자를 기쁘게 불신자를 두렵게 만든다.

요즘은 유니온 역전을 황금어장으로 정하고 외친다. 하나님께서는 나를 택하셨다. 나는 그 이유를 안다. 영어 잘하는 사람들은 말이 많고 쓸데없는 말을 많이 한다. 그러나 나는 영어가 짧아서 간단히 핵심만 쉽게 말하는 특징이 있다. 나는 미련하게 지옥과 천국을 그대로 외친다. 믿으면 천국 안 믿으면 100% 지옥이다. 나는 길게 설명하지 않는다.

우리 할아버님이 전도하는 방법은 참으로 미련한 방법이었다.
추운 겨울에 화롯불을 들고 나가서 사람들이 화롯불 가에 모이면 누군가의 손을 잡고 화롯불에 확 집어넣으려 한다. 그러면 모두가 깜짝 놀라 "왜 이러세요?"라고 하면 "지옥 불이 얼마나 뜨거운지 아세요? 이것보다 100배도 더 뜨겁습니다. 예수 믿지 않으면 지옥 불에 들어갑니다"라며 전도하셨다고 한다.

또 어떤 남자가 전봇대에 올라가 전신주 작업을 하고 있는데 밑에서 "이보게, 빨리 내려와. 큰일 났어. 빨리 내려오게"라고 해 일을 하다 말고 내려온 사람에게 "자네 예수 믿는가? 예수 믿어야 하네. 안 믿으면 지옥

가네"라고 했다고 한다.

어떤 이는 "할아버지 미쳤어요? 할 일이 그렇게도 없으세요?"라고 했지만 그들 중에 누군가는 교회를 찾아가고 예수를 믿었다. 왜냐면 할아버지의 전도가 너무 강하게 기억되기 때문이다. 할아버지는 미련한 전도방법을 쓰신 것이 아니라 고차원적이고 평생 머리에 맴돌게 하는 방법을 쓰신 것이다.

우리는 할아버지 신앙에 따라 전도한다. 오산에 사는 여동생(양신예 권사)은 전도왕이다. 어느 해는 86명을 전도하여 교회 입적시켰고 어느 해는 135명을 전도해 교회에서 선물로 자동차를 주었고 방송에 출연하기도 했다고 들었다. 할렐루야!

(5) 직접전도와 간접전도가 있다

벳세다 광야에는 수만 명이 모였고 보리 떡 5개와 물고기 2마리로 기적을 행하시어 배불리 먹고 돌아간 단순 목격자(눅 9:10)는 증인이 될 수 없었다. 이와는 달리 주님의 말씀을 귀담아듣고 처음부터 말씀의 목격자가 된 제자들이 이 귀한 생명의 말씀을 후대에 전해야겠다고 생각하고 주님의 말씀을 쓰려고 붓을 든 자들이 많았다고 한다(눅 1:2). 그래서 4복음서가 나오고 사도행전이 기록되고 바울 사도의 서신들을 귀하게 보존하여 오늘의 신약성경이 완성된 것이다.

이와 같이 글로서 남긴 자들의 업적이 크다. 사도들과 말씀의 목격자들이 글로 남기지 않았다면 오늘과 같은 교회가 존재 할 수 있었겠는가 생각해 본다. 그래서 나는 성경을 기록한 자들의 업적을 칭송한다. 그래서 전도는 직접전도가 있고 간접전도가 있다.

직접전도는 내 발이 가고 손이 가고 말하는 것이 직접전도다. 그러나 성경을 기록해서 주님의 말씀을 전하여 준 자들은 계속해서 지금도 간접전도를 하고있는 셈이다.

첫 번째 공로자는 요한복음(요 3:16)의 사도 요한이다.

요한은 복음서를 완성하시고 계시록을 완성하셨다.

두 번째는 사도바울(롬 5:8, 6:23, 10:13)이다.

세 번째 공로자는 의사 누가다(행 4:12, 16:31).

요한복음 3장 16절은 성경 전체를 대표하는 구절이다.

이 한 구절은 지금도 매일 수천 명을 간접전도하고 있다. 그래서 나는 지금도 최고의 전도자는 사도 요한이라고 생각한다.

예전에 믿지 않는 한국 운전사들에게 전도 목적으로 '십자가와 깡패, 하나님이 못 고칠 사람은 없다' 등 몇 권의 책을 사람들에게 돌리며 읽으라고 주기도 했다. 좋은 신앙 간증의 책을 사서 친구에게 주는 것은 좋은 전도방법이다.

나는 직접전도를 하지만 차 뒤에 전도 사인을 붙이고 다니는 간접전도도 한다. 책을 쓰는 목적도 간접전도를 위한 것이다. 내가 갈 수 없는 곳에 선교비를 드려서 선교사를 보내는 사람도 간접 선교를 하는 것이다. 두아디라성의 자주 장사 사업가 루디아 여인은 온 집이 바울을 통하여 예수를 믿고 사도바울을 집으로 모시고 바울의 전도사업에 재물로 적극 봉사했다(행 16:14,15).

　상품의 판매는 광고와 비례한다. 물건도 책도 광고 또는 소문을 듣고 구매한다. 예수 믿는 것도 알아야 믿는다. 사람들은 대부분 예수를 모른다. 예수가 누군지 바로 알면서도 믿지 않는 자는 아무도 없다. 세상 사람 모두가 예수를 몰라서 못 믿는다. 이것이 정답이다.

　교회의 부흥도 전도와 설교에 비례한다. 목사님이 설교를 잘하면 교인의 입소문으로 간접전도 되어 "한 번 가보자. 다음 주에 우리 함께 가자" 입으로 전달하여 모인다. 반대로 자기 교회 목사가 복음을 잘 전하지 못하면 사람들을 데리고 오지 않는다. 때문에 목회자는 복음을 알기 쉽게 잘 전달해야 한다.

　식당도 음식이 맛있고 가격이 좋으면 입소문으로 손님이 몰린다. 그러나 조미료로 맛을 내면 손님이 대번에 눈치를 챈다. 교회도 설교에 조미료를 치지 말고 성경 말씀 그대로 잘 전해야 한다.

　가장 좋은 방법은 담임 목사가 직접 길거리, 복잡한 사거리에 나가서 전도지를 들고 직접 외치는 것이라고 생각한다. 이것이 기본이고 교회 성도들을 영적으로 건강하게 만드는 복음 운동이다.

　몇 년 전에 시카고 294번 고속도로 변에 The Holy Bible이라고 크게 써 붙인 광고 사인을 본 적이 있었는데 요즘은 그 자리에 "You are going to HEAVEN or Hell"로 전도하고 있다.

　작년에는 미시간주에 있는 체리 농장에 가면서 94번 도로에서 "Jesus

is only way to Heaven"이라는 큰 사인을 보고 기분이 좋았다. '누가 만들었나. 주님이 기뻐하시겠구나'라고 생각했다.

그런데 간접전도는 돈이 든다. 동네 이웃 전도는 내 발만 가면 되지만 외국 선교는 돈이 든다. 누구나 할 수 있는 쉬운 것부터 열심히 하는 게 중요하다. 사람들은 몰라서 못 믿는다. 제대로 알지 못해서 못 믿는다. 제대로 알지도 못하고 지옥 간 사람이 수도 없이 많다. 그래서 주님은 "땅끝까지 복음을 전하라"고 하셨다.

"여호와께서 내게 대답하여 가라사대 너는 이 묵시를 기록하여 판에 명백히 새기되 달려가면서도 읽게 하라"(합 2:2).

나는 택시 뒤에 전도 사인을 항상 붙이고 달린다. 큰 교회당 외벽에는 성경 구절을 쓰면 간접전도가 될 것이다. 어느 날 누군가 찾아와 "목사님 교회 벽에 쓰인 글씨가 무슨 뜻입니까? 저는 삶이 무겁고 힘들어 죽겠습니다" 하며 상담을 요청할 수도 있다. 교회 건물의 외벽 공간이 넓다면 요한복음 3장 16절을 크게 써서 길을 가는 사람들이 다 볼 수 있게 하면 더 좋다.

"수고하고 무거운 짐진 자들아 다 내게로 오라 내가 너희를 쉬게 하리라"
– 예수그리스도 –

노방전도는 사람을 교회로 데리고 오지는 못해도 천국으로 인도한다.
"이는 너희를 어두운 데서 불러내어 그의 기이한 빛에 들어가게 하신 자의 아름다운 덕을 선전하게 하려 함이라"(벧전 2:9)

우리는 밖으로 나가서 예수그리스도를 선전하고 자랑하고 외쳐야 한다. 코카콜라, 펩시콜라 어느 것이 더 맛있냐가 문제가 아니다. 어느 회사가 선전을 잘하냐에 따라서 더 팔린다. 때문에 날마다 광고를 한다. 하루만 광고가 안 나가도 덜 팔린다는 것이다.

세상 사업가들은 광고의 효과를 안다. 그래서 광고에 수억을 투자한다. 교회는 얼마나 투자하는가? 교회는 전도 광고의 효과를 잘 모르는 것 같다. 밖에 나가서 전도할 때도 아름다운 전도 모자를 만들어 쓰고 전도 조끼를 입고 전도하는 사람으로 보이게 하고 전도해야 한다. 교회에서 예수 모자를 만들어 교인들에게 나눠 쓰게 하면 어떨까. 자랑스런 예수를 숨어서 믿지 말고 길거리에 나가서 전도하는 자랑스러운 그리스도인이 되어야 한다.

몇 해 전 워싱톤 D.C.에 사는 딸 가족과 함께 크루즈 여행을 하고 시카고로 돌아오는데 76번 고속도로 변 광고판에 십자가와 함께 'JESUS one way to Heaven'이라는 전도 광고판이 보였다. 너무도 기분이 좋았다. 전도 사인판을 보고 기분이 좋아지는 것도 전도다.

나가서 전도하는 것이 싫으면 자동차에 스티커를 만들어서 붙이는 것도 방법이다. 예수 구원, 예수 사랑, 예수 천국, 사랑의 십자가, 영원한 예수, 내 사랑 예수…. 다양한 문구를 만들어 자동차 뒷유리에 붙이면 된다. 그러면 운전할 때마다 항상 전도하게 된다.

대부분 자동차를 사면 10년 정도는 탄다. 그 차에 스티커를 붙이고 다니면 10년 동안 최소 몇 명은 구원할 수 있을 것이다. 우리 교회에 오는 것 만이 전도가 아니다. 이웃 교회에 가도 좋다. 교회 성도들이 자동차마다 "예수 사랑"을 붙이고 다닌다면 안 믿는 사람들은 "웬 예수가 저렇게도 많은가? 나는 뭐지?"라고 생각하게 된다. 또 혹자는 "도대체 예수가 누군가?" 궁금해서 성경을 보고 교회에 가볼까? 하면 성공한 것이다. 누가 그 사람을 전도했나? 누가 그 사람을 예수 믿도록 결정적인 영향을 주었나? 바로 자동차에 스티커를 붙인 그 사람이 전도한 것이다.

현대인들은 집에 있는 시간보다 밖에 나가 있는 시간이 더 많다. 자동차 안에 있는 시간이 걸어 다니는 시간보다 더 많다.

미국뿐 아니라 한국에도 교회도 많고 믿는 자도 많다. 그래도 교회 못 가본, 안 가본 사람이 인구의 반이 넘을 것이다. 믿는 사람의 집에는 성경이 많지만 성경책 한 번 만져 보지 못한 사람도 많다. 세상에는 예수가 누군지 모르는 사람이 절반 이상이다. 예수가 누군지 알면 안 믿을 사람이 없다. 다만 제대로 몰라서 못 믿을 뿐이다.

오래전에는 "Do not get drunk(술 취하지 말라)"(엡 5:18). "No tattoo on your body(문신하지 말라)"(레 19:28)는 사인을 택시 뒤 범퍼에 붙이고 다녔다. 21세기에 유행처럼 번지는 문신, 빡빡 민머리 등은 모두 성경이 금하는 것이다(렘 49:32). 우리 몸은 하나님의 성전이다. 때문에 항상 깨끗이 해야 한다.

나는 이론보다 실천을 중요시한다. 지금 쓰는 글도 실습과 경험을 통해 쓰고 있다. 나는 내 차를 타는 사람들에게 "예수 믿냐?"고 질문한다.

나는 하나님이 내 차를 타게 하신 목적이 있다고 믿는다. 구원의 예정론은 만남과 기회와 복음 전도와 선택의 자유다.

"명철한 자는 잠잠 하느니라. 미련한 자도 잠잠하면 지혜로운 자로 여기운다"(잠 11:12)

이것은 전도와는 관계없는 말씀이다. 쓸데없이 떠드는 사람에게 하는 말이다. 전도는 잠잠히 있는 것이 아니다.

"제자들이 기뻐 큰소리로 하나님을 찬양하니 바리새인들이 주님 제자들을 책망하소서 하니 주님이 대답하시기를 만일 이 사람들이 잠잠하면 돌들이 소리 지른다"(눅 19:40)

"밤에 주께서 환상 가운데 바울에게 말씀하시되 두려워하지 말며 잠잠하지 말고 말하라"(행 19:9)

당시 고린도는 우상의 도시였다. 그래서 바울도 잘못 건드렸다가 큰일 나면 어쩌나 염려했던 것 같다. 그러나 주님은 바울에게 "두려워하지 말고 잠잠하지 말고 말하라" 하셨다. 크리스천의 입의 용도는 성령이 말하게 하심을 따라 복음을 전하는 것이다(행 2:1-4).

우리의 이 땅에서의 삶이 전도의 열매를 많이 맺어 주님의 소원을 이루어드리고, 영광 돌리는 행복한 삶이 되길 기도한다.

"지혜 있는 자는 궁창의 빛과 같이 빛날 것이요 많은 사람을 옳은 데로 돌아오게 한 자는 별과 같이 영원토록 빛나리라"(단 12:3)

마라나타! 주님을 기다리며…

– 양부광 목사

주님의 소원

계22:20 / 마4:14 / 막16:15 / 벧후3:8 / 사41:9

작사: 양부광 작곡: 안요엘

순종하여 전도하세

갈4:4 / 마4:20 / 마9:9 / 요11:43 / 단2:3 / 마5:12

작사: 양부광 작곡: 안요엘

왜 울어? 난 괜찮아!

이동성 목사

사랑하는 사람을 먼저 보내면서
아파하고 울고 있는 이들에게
'난 괜찮아, 우리도 괜찮아'라는
고백이 되길 바라며 아들의 병상에서 체험한
하나님의 은혜를 함께 나눕니다.

두 자녀를 잘키운
삼숙씨의 이야기

정삼숙 사모

미국의 예일, 줄리어드, 노스웨스턴,이스트만,
브룩힐, 한예종, 예원중에서 수석도 하고 장학금과 지원금으로
그동안 10억여 원을 받으며 공부하는 두 아이지만,
그녀는 성품교육을 더 중요시했다.

전도2관왕
할머니의 전도법

박순자 권사

1년에 젊은이 100여 명을 교회로 인도한
60대 할머니의 전도법과 주님께 받은 축복들!

이너힐링

우광성 목사

온갖 상처와 아픔에 노출되어 온 우리 삶의
모든 부정적인 모습들이, 단순한 치유를 넘어
주님 안에서 진정한 자유, 보람, 더 할 나위없는 만족,
그리고 대 감사에 이르게하는 성숙한 삶으로의 초대!

30가지 주제 / 30일간 기도서!

무릎기도문

시리즈 16

주님께 기도하고 / 기다리면 응답됩니다

1
자녀를 위한
무릎 기도문

2
가족을 위한
무릎 기도문

3
태아를 위한
무릎 기도문

4
아가를 위한
무릎 기도문

5
십대의
무릎 기도문

6
십대자녀를 위한
무릎 기도문

7
재난재해안전
무릎 기도문
〈자녀용〉

8
재난재해안전
무릎 기도문
〈부모용〉

9
남편을 위한
무릎 기도문

10
아내를 위한
무릎 기도문

11
워킹맘의
무릎 기도문

12
손자/손녀를 위한
무릎 기도문

A1
태신자를 위한
무릎 기도문

A2
새신자
무릎 기도문

A3
교회학교 교사
무릎 기도문

A4
선포(명령)
기도문

망망한 바다 한가운데서 배 한 척이 침몰하게 되었습니다.
모두들 구명보트에 옮겨 탔지만 한 사람이 보이지 않았습니다.
절박한 표정으로 안절부절 못하던 성난 무리 앞에 급히 달려 나온 그 선원이
꼭 쥐고 있던 손바닥을 펴 보이며 말했습니다.
"모두들 나침반을 잊고 나왔기에… "
분명, 나침반이 없었다면 그들은 끝없이 바다 위를 표류할 수 밖에 없을 것입니다.

우리는 삶의 바다를 항해하는 모든 이들을 위하여
그 나침반의 역할을 하고 싶습니다.
우리를 구원하신 위대한 주 예수 그리스도를 널리 전하고 싶습니다.

"하나님은 모든 사람이 구원을 받으며
진리를 아는 데에 이르기를 원하시느니라"
(디모데전서 2장 4절)

주님의 소원

지은이 | 양부광 목사
발행인 | 김용호
발행처 | 나침반출판사

제1판 발행 | 2019년 8월 1일

등 록 | 1980년 3월 18일 / 제 2-32호
본 사 | 07547 서울특별시 강서구 양천로 583
　　　　블루나인 비즈니스센터 B동 1607호
전 화 | 본사 (02) 2279-6321 / 영업부 (031) 932-3205
팩 스 | 본사 (02) 2275-6003 / 영업부 (031) 932-3207
홈 피 | www.nabook.net
이 멜 | nabook@korea.com / nabook@nabook.net
일러스트 제공 | 게티이미지뱅크

ISBN 978-89-318-1578-8
책번호 가-9072

값은 뒷표지에 있습니다.